中等职业教育课程改革教材

# 汽车发动机电控系统设备构造与维修

总 主 编　刘玉祥　杨福军
本书主编　刘志鹏　王旭生

山东城市出版传媒集团·济南出版社

图书在版编目（CIP）数据

汽车发动机电控系统设备构造与维修 / 刘玉祥，杨福军主编. —济南：济南出版社，2019.2
ISBN 978-7-5488-3605-6

Ⅰ. ①汽… Ⅱ. ①刘… ②杨… Ⅲ. ①汽车—发动机—电子系统—控制系统—构造—中等专业学校—教材 ②汽车—发动机—电子系统—控制系统—车辆检修—中等专业学校—教材 Ⅳ. ①U464 ②U472.43

中国版本图书馆CIP数据核字（2019）第040587号

| | |
|---|---|
| 出版人 | 崔 刚 |
| 责任编辑 | 冀瑞雪 冀春雨 |
| 外 编 | 张宏翔 |
| 审 读 | 朱向红 |
| 封面设计 | 胡大伟 |
| 版式设计 | 谭 正 |
| 出版发行 | 济南出版社 |
| 地 址 | 山东省济南市二环南路1号（250002） |
| 编辑热线 | 0531—86131747（编辑室） |
| 发行热线 | 86131747 82709072 86131729 86131728（发行部） |
| 印 刷 | 山东联立文化发展有限公司 |
| 版 次 | 2019年4月第1版 |
| 印 次 | 2019年4月第1次印刷 |
| 成品尺寸 | 185 mm×260 mm 16开 |
| 印 张 | 8.75 |
| 字 数 | 170千 |
| 印 数 | 1—5000册 |
| 定 价 | 29.00元 |

（济南版图书，如有印装错误，请与出版社联系调换。联系电话：0531-86131736）

# 编委会

**总 主 编** 刘玉祥　杨福军
**本书主编** 刘志鹏　王旭生
**本书参编** 李建忠　单恩强　李精明
**丛书编委**（以姓氏笔画为序）

| | | | | |
|---|---|---|---|---|
| 于守良 | 王长勇 | 王永智 | 王旭生 | 王京光 |
| 王　青 | 刘玉祥 | 刘永田 | 刘志鹏 | 刘振涛 |
| 李　康 | 李庆云 | 李志秀 | 李建忠 | 李春会 |
| 李　婧 | 李精明 | 李静雅 | 李璐瑶 | 杨　静 |
| 杨福军 | 宋在旺 | 张　磊 | 张友涛 | 张学友 |
| 张金熙 | 张珍珍 | 张新坤 | 张慧杰 | 陈　雪 |
| 单恩强 | 赵　凤 | 赵晓丽 | 赵营伟 | 胡　萍 |
| 胡晓丹 | 袁琳琳 | 徐荣娟 | 高洪彬 | 唐胜楠 |
| 崔春胜 | 崔保丽 | 常成磊 | 韩卫国 | 程鹏飞 |
| 戴红彬 | 魏　槟 | | | |

汉唐书局

# 序

近年来，从中央到地方，再到各级各类职业院校，都将课程改革视为职业教育内涵式发展的抓手。无论是职业教育国家专业教学标准的开发，还是山东省实施的一系列职业教育质量提升计划，其实质都是希望能够借助课程这一中介撬动区域职业教育的全面改革。课程问题牵一发而动全身，它不仅是行政部门管理职业教育办学质量的重要媒介，也是地方与学校进行资源配置与质量考核的参考依据，更是教师与学生组织教学活动不可或缺的手段。基于对课程重要性的认识，全国各高校与职业院校也都投入大量资源，开展职业教育课程理论与课程开发技术研究，力求能够探索出一套理论性强、贴近我国职业教育办学实际、且行之有效的课程开发技术。

"职业教育项目课程"是华东师范大学徐国庆教授倾注十余年心血所打造的职业教育课程开发技术，该技术立足于社会职业和工作世界的根本性变革，基于联系论、结构论、综合论、结果论的理论框架，吸收了美国、德国等职业教育先进国家课程开发的宝贵经验，并结合了我国职业教育课程开发的已有成果。该技术的优势在于紧紧抓住当前我国职业教育课程开发与实施过程中出现的根本问题与典型问题，通过"专业教学标准—课程标准—教学设计—任务操作单—学生工作页"的系统设计，为职业教育课程开发提供了一套科学成熟的解决方案。这一方案突破了过去职业教育课程开发"方向不清""操作性不强""成果不显著"的问题，已在包括"寿光职业教育中心学校"在内的诸多职业院校中广泛使用，成效显著。

寿光职教中心编写的这套项目课程教材与案例，是学校老师在以徐国庆教授领衔的团队的指导下，用三年时间打磨完成的。三年间，徐国庆教授及团队成员多次前往学校开展现场教学、理论讲座和专题研讨。刘玉祥校长及学校管理团队高度重视这项学校内涵建设的重要工程，在制度建设、资源分配等方面给予了诸多倾斜，可以说，没有学校领导的重视，就不会有这套教材的出版。但是，这套教材的最大功臣与受益者应该是寿光职教中心的老师和学生，这套项目课程教材与案例就是近三年教师学习与实践成果的精华。三年课程建设中，学校的每位老师都参与到了课程建设内容丰富、形式多样的活动当中，他们在现场聆听与提问，并亲自动手编写专业教学标准、课程标准、教学设计、任务单等课程材料，然后将它们应用于教学过程中，并不断地验证、修改和完善。在这个过程中，不仅老师的课程开发能力与教学水平得到提升，学生也受益于课程体系与教学模式的改革，在职业能力与综合素质上有了更为突出的表现。

从这套教材中，我们可以领略项目课程在系统设计和实施过程中的独特性、灵活性、科学性与本土性，领略到寿光职教中心的教师在课程开发与实施过程中的实践智慧与创造能力，领略到寿光职教中心作为全国示范性职业学校的改革活力与丰硕成果。

职业教育项目课程开发是一个长期的过程，希望这套课程建设成果能够在今后的实践当中不断完善，更好地服务于区域技术技能人才的培养。

李　政[①]

于美国匹兹堡大学

2018年6月30日

---

[①]李政博士是华东师范大学徐国庆职业教育项目课程团队的核心成员，全程参与了寿光市职业教育中心学校的课程建设。

# 目录

**项目一　故障诊断仪的使用** ............................................. 1
　　任务　给帕萨特B5轿车连接故障诊断仪KT600，读取
　　　　　并清除故障代码 ............................................. 1

**项目二　对发动机电控系统的元器件进行目视检查** ............ 9
　　任务　指出帕萨特B5轿车发动机电控系统的元件位置并
　　　　　检查松动状况 ............................................. 9

**项目三　检查发动机控制单元及其供电线路** .................... 17
　　任务一　排除帕萨特B5轿车因发动机控制单元供电部分
　　　　　　线路故障而无法启动的问题 .......................... 17
　　任务二　帕萨特B5轿车发动机控制单元断电后的处理 ..... 24

**项目四　空气流量计的检测** ............................................. 30
　　任务　排除帕萨特B5轿车上因空气流量检测数据
　　　　　不准确导致排气管冒黑烟的故障 ...................... 30

**项目五　电子节气门体的检测** ......................................... 38
　　任务　解决帕萨特B5轿车因电子节气门体
　　　　　损坏而怠速不稳的故障 .................................. 38

**项目六　点火系统的检查** ............................................... 47
　　任务　排除帕萨特B5轿车因点火系统损坏
　　　　　导致发动机运行抖动的故障 ........................... 47

**项目七 曲轴位置传感器的检查** .................... 56

    任务　排除帕萨特B5轿车因曲轴位置传感器信号
           缺失而无法启动的故障 .................... 56

**项目八 燃油供给系统的检查与修理** .................... 64

    任务一　排除帕萨特B5轿车因冷却液温度传感器故障
            而在怠速条件下抖动的问题 .................... 64

    任务二　排除帕萨特B5轿车因进气歧管压力传感器
            检测不准确而怠速不稳的故障 .................... 72

    任务三　排除帕萨特B5轿车因燃油泵继电器损坏和供电线路
            故障导致发动机无法启动的问题 .................... 80

    任务四　排除帕萨特B5轿车因一个喷油嘴不喷油
            导致发动机运行抖动的故障 .................... 87

**项目九 氧传感器的检查与修理** .................... 96

    任务　排除帕萨特B5轿车因氧传感器故障
           而冒黑烟的问题 .................... 96

**项目十 涡轮增压系统的检查与修理** .................... 104

    任务一　掌握帕萨特B5轿车上涡轮增压系统
            各个零部件的位置和名称 .................... 104

    任务二　排除帕萨特1.8T轿车因增压器空气再循环
            电磁阀损坏而急加速不良的故障 .................... 111

**汽车发动机电控系统设备构造与维修课程标准** .................... 118

**课程项目整体教学设计** .................... 128

# 项目一　故障诊断仪的使用

任务　给帕萨特B5轿车连接故障诊断仪KT600，
　　　读取并清除故障代码

## 一、教学设计

### （一）项目描述

利用配套连接线将故障诊断仪和车上电脑数据输出DLC（检测接头）相连后，维修技师可以利用它迅速地读取汽车电控系统中的故障。本项目中要学习故障诊断仪KT600的使用，能用其读取帕萨特B5轿车的故障代码。

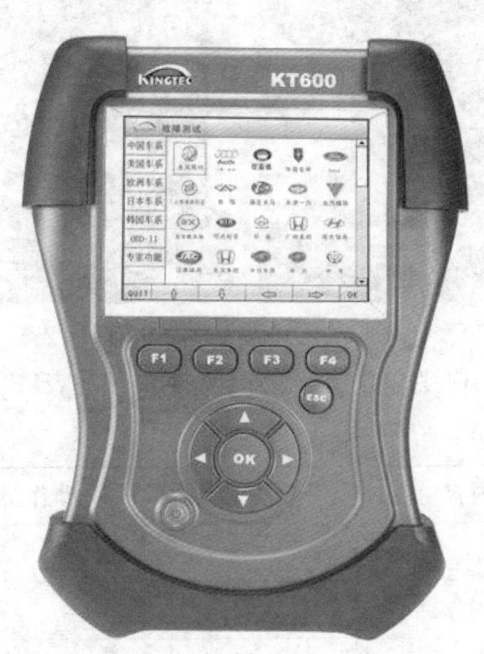

图1-1　故障诊断仪KT600

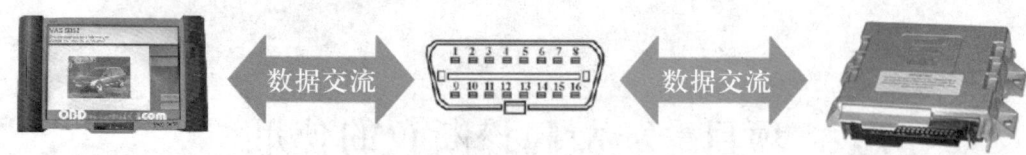

图1-2 故障诊断仪工作原理

汽车故障诊断仪是维修中非常重要的工具，一般具有如下全部或其中几项功能：①读取故障代码；②清除故障代码；③读取发动机动态数据流；④示波功能；⑤元件动作测试；⑥匹配、设定和编码等功能；⑦英汉辞典、计算器及其他辅助功能。故障诊断仪大都随机带有使用手册，按照说明极易操作。一般来说有以下几步：在车上找到诊断座；选用相应的诊断接口；根据车型，进入相应诊断系统；读取故障代码；查看数据流；诊断维修之后清除故障代码。

目前的车载诊断接口（DLC）大多为OBD-II要求的标准梯形的16针接口，虽然OBD也对诊断接口位置进行了相关的规定，但是目前很多车型都没有遵循规定。比如帕萨特B5的诊断接口在驻车制动器把手旁边，老款宝来则在空调控制面板下边等等，但绝大多数车型还是在方向盘下方。

帕萨特B5轿车的诊断接口如下图所示：

图1-3 汽车诊断接口的位置

参考维修手册，以小组为单位制订工作计划，并填写表1-1。

表1-1

| 步骤 | 工作内容 | 设备工具 | 操作员 | 注意事项 |
| --- | --- | --- | --- | --- |
| 1 |  |  |  |  |
| 2 |  |  |  |  |
| 3 |  |  |  |  |

连接故障诊断仪KT600，读取故障代码，并将信息填入表1-2中。

表1-2

| 故障代码编号 | 内　容 | 类　别 | 能否清除 |
|---|---|---|---|
|  |  |  |  |
|  |  |  |  |
|  |  |  |  |

**（二）教学目标**

1. 能正确连接故障诊断仪KT600。

2. 能独立操作故障诊断仪KT600。

3. 会读取车辆故障代码并区分故障代码类型。

**（三）教学资源**

PPT教学课件

多媒体教学设备

帕萨特维修手册5套

帕萨特B5轿车5辆

故障诊断仪KT600 5台

**（四）教学组织**

30人小班化教学，根据设备数量，将学生分为五个小组并选取组长。先由教师讲解故障诊断仪的使用方法和连接方式，展示本节课项目内容并讲明注意事项。然后，各小组根据项目内容展开讨论并由组长进行项目分工，分工项目包括：寻找车辆诊断接口的位置、连接故障诊断仪、读取故障代码、记录信息、安全监督等，确保每位学生都有项目。项目完成后，各小组整理现场并互相交流小组记录的数据。最后，教师点评各个小组的表现，并带领学生总结故障诊断仪的使用方法。

**（五）教学过程**

| 项目教学过程 | | 学生学的活动 | 教师教的活动 |
|---|---|---|---|
| 阶段一<br>项目引入 | 项目描述 | 观看图片并听教师讲解，了解故障诊断仪的作用 | A. 通过图片和实际案例向学生说明故障诊断仪在汽车修理中的重要性<br>B. 说明本次项目内容：给车辆连接故障诊断仪并读取车辆的故障代码 |

续表

| 项目教学过程 | | 学生学的活动 | 教师教的活动 |
|---|---|---|---|
| | | | C. 说明项目目标：通过故障诊断仪读取并能区分车辆的故障代码 |
| | 知识准备 | A. 概述故障诊断仪的使用方法<br>B. 找出自己小组实训车辆上诊断接口的位置 | A. 演示故障诊断仪的使用方法<br>B. 用图片展示诊断接口的样子，并讲解车辆诊断接口的可能存在位置<br>C. 讲解故障代码的分类及区分方法 |
| | 项目定位 | A. 讨论此次项目的流程：寻找诊断接口、连接故障诊断仪、读取并区分故障代码<br>B. 组长安排项目分工，组员明确自己的项目内容 | A. 说明故障诊断仪在检修汽车时的作用<br>B. 列举需要记录的数据<br>C. 说明注意事项 |
| 阶段二<br>项目实施 | 步骤1<br>寻找诊断接口位置 | 查询维修手册，找出实训车辆诊断接口的位置 | 给每个小组指定实训车辆并提供实训设备，检查各小组诊断接口位置寻找是否正确 |
| | 步骤2<br>连接故障诊断仪 | 通过数据线连接故障诊断仪KT600与车辆 | 检查各小组故障诊断仪的连接是否正确 |
| | 步骤3<br>读取故障代码 | 使用故障诊断仪读取车辆的故障代码，并区分故障代码的类型 | 说明操作注意事项并监督学生们的操作 |
| | 步骤4<br>对比数据 | 收拾工具，整理现场 | 检查学生现场整理的情况 |
| 阶段三<br>项目总结 | 展示与总体评价 | A. 组长公布小组的检测数据和结论<br>B. 组内讨论本小组操作过程<br>C. 根据教师点评，小组内总结本次检测过程 | A. 安排组长公布小组的数据<br>B. 对学生的操作进行点评，指出存在的问题 |

续表

| 项目教学过程 | 学生学的活动 | 教师教的活动 |
|---|---|---|
| 学习小结 | 复述如何使用故障诊断仪读取故障代码并描述区分故障代码的方法 | 带领学生总结故障诊断仪的使用方法以及如何区分故障代码的类型 |

## （六）技能评价

| 序号 | 技　能 | 评判结果 ||
|---|---|---|---|
| | | 是 | 否 |
| 1 | 能快速找到诊断接口位置 | | |
| 2 | 能熟练使用故障诊断仪 | | |
| 3 | 能区分故障代码类型 | | |

## 二、任务操作单

### 项目操作单

**专业名称**　汽车运用与维修

**课程名称**　汽车发动机电控系统设备构造与维修

**工作项目**：连接故障诊断仪KT600并读取帕萨特B5轿车的故障代码。

**安全及其他注意事项**：操作员在进入车辆之前需要对车辆进行防护；启动汽车之前需要检查车辆的挡位是否设置在空挡以及手刹是否拉起，保证实训安全；连接故障诊断仪之前先启动车辆，避免启动时电流对故障诊断仪造成冲击。

| 步　骤 | 操作方法与说明 | 质　量 | 备注 |
|---|---|---|---|
| 一、对车辆进行防护 | A. 使用钥匙打开车门，在驾驶员侧放置三件套：方向盘套、脚垫、座椅套 | 三件套以及翼子板布放置牢固，防护部分无裸露；防滑块位置正确，并紧贴轮胎，无滑动 | P-E |
| | B. 打开引擎盖并支撑牢固，在发动机舱前面放置翼子板布 | | P-E |
| | C. 在汽车前轮胎和后轮胎放置防滑块 | | P-E |

续表

| | | | |
|---|---|---|---|
| 二、启动汽车 | A. 进入车辆内部，检查挡位设置和手刹，设置挡位为空挡，拉起手刹<br>B. 插入点火钥匙，启动车辆 | 车辆正常启动，不溜车 | P-M<br><br>P-E |
| 三、连接故障诊断仪KT600 | A. 从工具盒中取出故障诊断仪，连接电源线和数据线<br>B. 找到帕萨特轿车的诊断接口，位置在手刹旁边<br>C. 根据诊断接口的类型选择合适的接头，把故障诊断仪和汽车连接到一起 | 故障诊断仪连接牢固，插头无松动 | P-E<br><br>P-E<br><br>P-E |

| | | | |
|---|---|---|---|
| 四、读取车辆的故障代码 | A. 按下开机键打开故障诊断仪，在开机界面选择诊断功能<br>B. 车型选择大众车型，根据车辆VIN码选择生产年份<br>C. 进入发动机控制系统，选择读取故障代码功能<br>D. 清除故障代码，再读取一次故障代码，把第二次读取的故障代码记录下来 | 故障诊断仪能进入发动机控制系统，故障代码读取准确 | P-E<br><br>P-D<br><br>P-M<br><br>P-M |
| 五、整理工作现场 | A. 故障诊断仪退出诊断系统，关机，拔下连接线，把诊断仪收入工具盒内<br>B. 关闭车辆的点火钥匙，撤掉翼子板布、三件套和防滑块，关闭车门<br>C. 清洁工位 | 工具摆放整齐，工作现场清洁无垃圾 | P-E<br><br>P-E<br><br>P-E |

## 三、学生工作页

### 学生工作页

**项目名称：**

完成以下操作,并记录操作结果。

(1) 查询维修手册,制订小组工作计划,并填入表1-3中。

表1-3

| 步骤 | 工作内容 | 设备工具 | 操作员 | 注意事项 |
|---|---|---|---|---|
| 1 | | | | |
| 2 | | | | |
| 3 | | | | |
| 4 | | | | |
| 5 | | | | |
| 6 | | | | |

(2) 连接故障诊断仪KT600,读出发动机控制单元的故障代码并填写表1-4。

表1-4

| 故障代码编号 | 内容 | 类别 | 能否清除 |
|---|---|---|---|
| | | | |
| | | | |
| | | | |
| | | | |
| | | | |

# 项目二　对发动机电控系统的元器件进行目视检查

## 任务　指出帕萨特B5轿车发动机电控系统的元件位置并检查松动状况

### 一、教学设计

#### （一）项目描述

现代汽车电子控制系统由传感器、控制单元和执行器三大部分组成，而汽油机管理系统作为电子控制系统的一类也是如此。本项目中要学习汽油机汽车发动机控制系统的组成，能从实训车辆上找到电控系统元件位置并目测检查各个元件的安装状态。

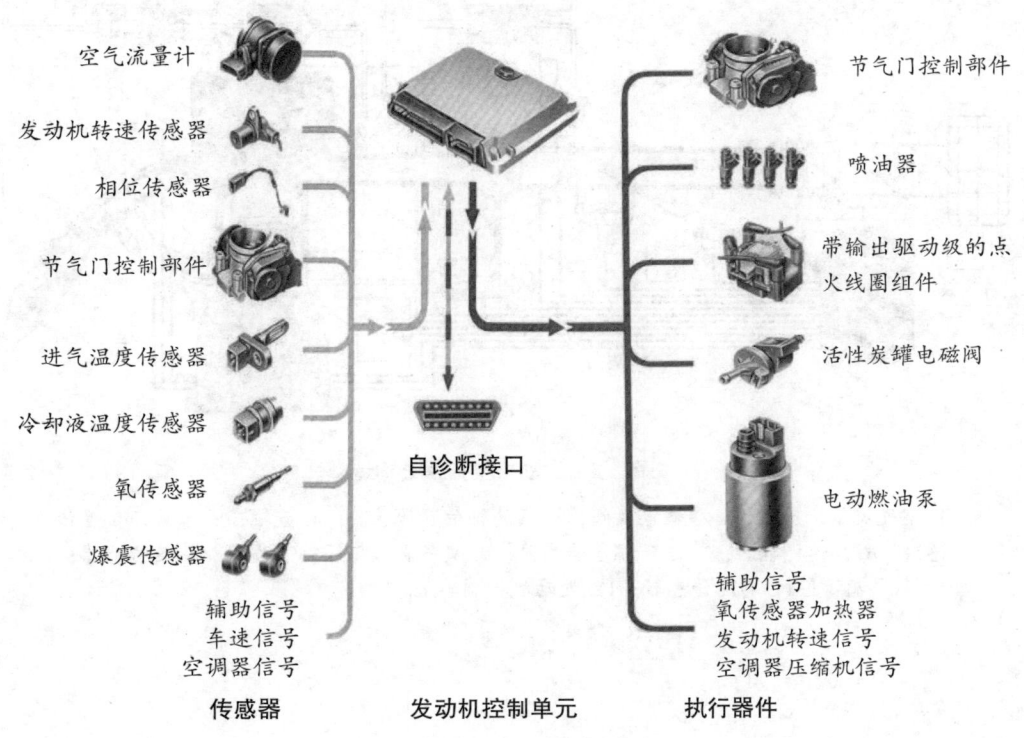

图2-1　发动机电控系统的组成

发动机控制系统基本由三部分组成：

信号输入装置：各种传感器，采集控制系统所需的信号，并转换成电信号通过线路输送给ECU。

发动机控制单元（ECU）：给各传感器提供参考（基准）电压，接受传感器或其他装置输入的电信号，并对所接受的信号进行存储、计算和分析处理后向执行元件发出指令。

执行元件：受ECU控制，具体执行某项控制功能的装置。

汽车正常运行时，电子控制单元ECU输入、输出信号的电压值都有一定的变化范围，当某一信号的电压值超出了这一范围，并且这一现象在一段时间内不消失，ECU便判断为这一部分信号电路有故障。ECU把这一故障以代码的形式存入内部随机存储器，同时点亮仪表板上的故障指示灯，提醒驾驶员。维修人员利用读出的故障代码，很容易知道故障所在。

对照实训车辆，填写图2-2中的方框。

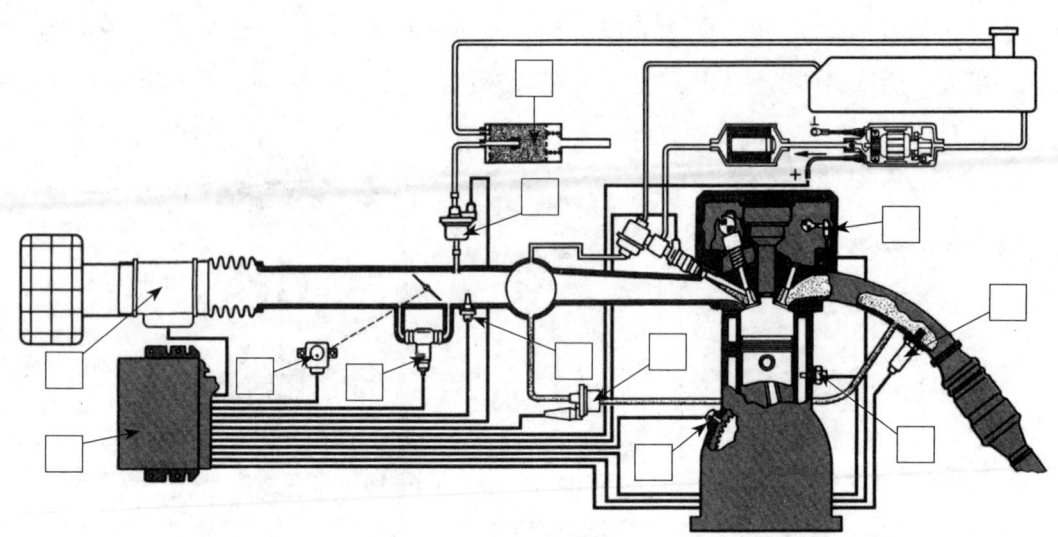

图2-2 发动机电控系统构造

1. 空气流量传感器；2. 碳罐电磁阀；3. 凸轮轴位置传感器；4. 碳罐；5. 节气门位置传感器；6. 怠速调节器；7. 进气温度传感器；8. 废气再循环阀；9. 发动机温度传感器；10. 氧传感器；11. 转速传感器；12. 发动机控制单元。

对实训车辆电控系统各个元件进行目视检查,并填写表2-1。

表2-1

| 名　称 | 位置描述 | 所属类型 | 检查结果 |
| --- | --- | --- | --- |
| 空气流量计 | | | |
| 进气歧管压力传感器 | | | |
| 霍尔传感器 | | | |
| 曲轴位置传感器 | | | |
| 爆震传感器 | | | |
| 喷油嘴 | | | |
| 氧传感器 | | | |
| 进气温度传感器 | | | |
| 燃油泵 | | | |
| 电子节气门 | | | |
| 发动机控制单元 | | | |

**(二)教学目标**

1. 能描述汽油机发动机电控系统的组成。
2. 能在车辆上找出发动机电控系统各个元件的位置。
3. 会目视检查发动机控制单元各个元件的安装状态。

**(三)教学资源**

PPT教学课件

多媒体教学设备

帕萨特维修手册5套

帕萨特B5轿车5辆

**(四)教学组织**

30人小班化教学,根据设备数量,将学生分为五个小组并选取组长。先由教师利用PPT讲解汽油机发动机电控系统的组成,展示本节课项目内容并讲明注意事项。然后,各小组根据项目内容展开讨论并由组长进行项目分工,分工项目包括:查询维修手册、寻找发动机电控系统元件位置、目测检查各元件安装状态等,确保每位学生都有项目。项目完成后,小组之间交流分享自己的检查结果。最后,教师点评各个小组的表现,并集中展示各个元件的位置。

## （五）教学过程

| 项目教学过程 | | 学生学的活动 | 教师教的活动 |
|---|---|---|---|
| 阶段一 项目引入 | 项目描述 | 能够列举项目中需要使用的工具、测量的数据并掌握判断流量计运行状态的依据 | A. 通过视频说明发动机电控系统的作用，使用PPT讲解电控系统的组成<br>B. 说明本次项目内容：寻找发动机电控系统各个元件的位置并检查安装状态<br>C. 说明项目目标：通过寻找元件来了解发动机电控系统的组成 |
| | 知识准备 | A. 概述发动机电控系统的组成<br>B. 简述维修手册的查询方法 | A. 讲解维修手册的查找方法<br>B. 概述项目流程：查询维修手册、寻找元件的位置、目视检查元件的安装状态 |
| | 项目定位 | A. 讨论本次项目的流程：确定发动机电控系统的组成元件、查询维修手册、寻找元件位置、目视检查元件安装状态。<br>B. 组长安排项目分工，组员明确自己的项目内容 | A. 说明发动机电控系统的在汽车运行中的作用<br>B. 列举需要记录的信息<br>C. 说明项目完成时限 |
| 阶段二 项目实施 | 步骤1 查询维修手册 | 查询维修手册，找出发动机电控系统各个元件在车辆上的位置 | 给各小组提供维修手册，指定实训车辆，并检查学生寻找的元件位置是否准确 |
| | 步骤2 检查元件的安装状态 | 找到元件位置后，目视检查各个元件的安装状态并填写学生工作页 | 检查各小组学生画的电路图是否正确，记录的数据是否准确 |
| | 步骤3 组间交流 | 各小组之间交流小组记录信息，查看不同之处 | 记录学生结果中错误的地方 |
| | 步骤4 整理现场 | 整理工具和设备，收拾现场 | 检查工具和设备是否完好 |

续表

| 项目教学过程 | | 学生学的活动 | 教师教的活动 |
|---|---|---|---|
| 阶段三 项目总结 | 展示与总体评价 | A. 组长公布小组的记录数据<br>B. 小组内讨论本小组操作过程<br>C. 根据教师点评，小组内总结本次操作过程 | A. 安排组长公布小组的记录信息<br>B. 公布各个元件位置的信息<br>C. 点评各小组的操作 |
| | 学习小结 | 概述发动机电控系统的组成 | A. 带领学生回顾发动机电控系统的组成以及各个元件的位置<br>B. 布置课后作业：找出捷达轿车上电控系统元件的位置 |

（六）技能评价

| 序号 | 技 能 | 评判结果 | |
|---|---|---|---|
| | | 是 | 否 |
| 1 | 能准确快速查询维修手册 | | |
| 2 | 能快速找出电控系统中各个元件的位置 | | |
| 3 | 能准确目视检查各个元件的安装状态 | | |

## 二、任务操作单

### 项目操作单

**专业名称** 汽车运用与维修

**课程名称** 汽车发动机电控系统设备构造与维修

**工作项目**：目视检查帕萨特发动机电控系统的各个元件。

**安全及其他注意事项**：操作员在进入车辆之前需要对车辆进行防护；启动汽车之前需要检查车辆的挡位是否设置在空挡以及手刹是否拉起，保证实训安全；目视检查过程中严禁启动车辆。

续表

| 步　骤 | 操作方法与说明 | 质　量 | 备注 |
|---|---|---|---|
| 一、对车辆进行防护 | A. 使用钥匙打开车门，在驾驶员侧放置三件套：方向盘套、脚垫、座椅套<br>B. 打开引擎盖并支撑牢固，在发动机舱前面放置翼子板布<br>C. 在汽车前轮胎和后轮胎放置防滑块 | 三件套以及翼子板布放置牢固，防护部分无裸露；防滑块位置正确，并紧贴轮胎，无滑动 | P-E<br>P-E<br>P-E |
| 二、检查发动机控制系统部分零件安装 | A. 进入车辆内部，检查挡位设置和手刹，设置挡位为空挡，拉起手刹<br>B. 从发动机舱前面开始依次目视检查空气流量计、进气温度传感器、冷却液温度传感器、凸轮轴位置传感器、电子节气门、发动机控制单元（ECU）的安装状态 | 车辆不溜车，各个零件安装状态检查准确，记录完整，未对零件造成损伤 | P-E<br>P-M |
| 三、举升车辆 | A. 把举升机的下摆臂伸入到汽车底部，下摆臂上的托盘凹槽与车底部的"大筋"重合<br>B. 举升车辆，当轮胎刚离地时停止，前后按动车辆，保证车辆无掉落<br>C. 一直把车辆举升到合适高度，保证操作人能顺利进入车辆底部，下落车辆，让举升机锁止 | 车辆安全举升，停放牢靠，并锁止 | P-E<br>P-E<br>P-E |

续表

| 步　骤 | 操作方法与说明 | 质　　量 | 备　注 |
|---|---|---|---|
| 四、检查发动机控制系统的部分零件并放下车辆 | A. 进入汽车下面，检查氧传感器、曲轴位置传感器的安装状态并记录<br>B. 拉动举升机两边的拉环，先让车辆上升一点，然后降下举升机 | 零件安装状态检查正确，记录填写完整，车辆下落安全，停放稳当 | P-M<br>P-E |
| 五、整理工作现场 | A. 故障诊断仪退出诊断系统，关机，拔下连接线，把故障诊断仪收入工具盒内<br>B. 关闭车辆的点火钥匙，撤掉翼子板布、三件套和防滑块，关闭车门<br>C. 清洁工位 | 工具摆放整齐，工作现场清洁无垃圾 | P-E<br>P-E<br>P-E |

## 三、学生工作页

### 学生工作页

**项目名称：**

完成以下操作，并记录操作结果。
（1）对照实训车辆，填写下列图中的方框。

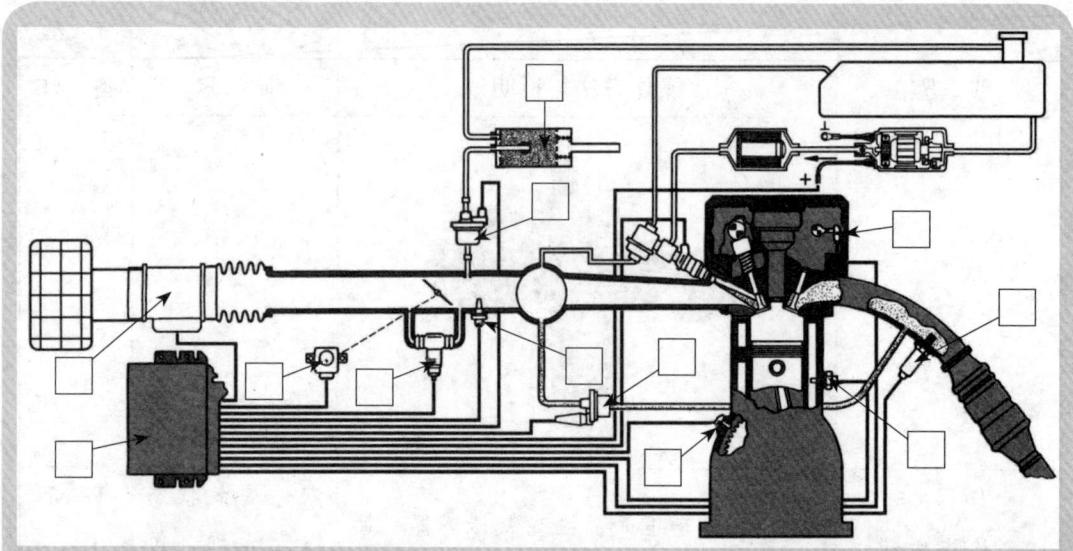

1. 空气流量传感器；2. 碳罐电磁阀；3. 凸轮轴位置传感器；4. 碳罐；5. 节气门位置传感器；6. 怠速调节器；7. 进气温度传感器；8. 废气再循环阀；9. 发动机温度传感器；10. 氧传感器；11. 转速传感器；12. 发动机控制单元。

（2）对实训车辆电控系统各个元件进行目视检查，并填写表2-2。

表2-2

| 名　　称 | 位置描述 | 所属类型 | 检查结果 |
| --- | --- | --- | --- |
| 空气流量计 | | | |
| 进气歧管压力传感器 | | | |
| 霍尔传感器 | | | |
| 曲轴位置传感器 | | | |
| 爆震传感器 | | | |
| 喷油嘴 | | | |
| 氧传感器 | | | |
| 进气温度传感器 | | | |
| 燃油泵 | | | |
| 电子节气门 | | | |
| 发动机控制单元 | | | |

# 项目三　检查发动机控制单元及其供电线路

## 项目描述

发动机控制单元是发动机的管理核心，它接收各种信号，经过计算、分析并处理后输出执行命令，对发动机的燃油喷射、点火、排放等系统进行综合控制。本项目中要学习发动机控制单元供电线路的作用，能查询维修手册画出控制单元的供电线路图，使用工具对发动机控制单元供电线路进行检测，能对发动机控制单元进行断电后处理。

## 任务一　排除帕萨特B5轿车因发动机控制单元供电部分线路故障而无法启动的问题

### 一、教学设计

#### （一）项目描述

发动机控制单元控制着发动机的运转，如果发动机控制单元的供电线路出现故障，可能会导致整车不启动。因此，本项目中学习发动机控制单元供电线路的作用，能查询维修手册，画出控制单元的供电线路图，使用工具对发动机控制单元供电线路进行检测。

图3-1　发动机控制单元

查询维修手册,画出发动机控制单元的供电线路图,如图3-2所示。

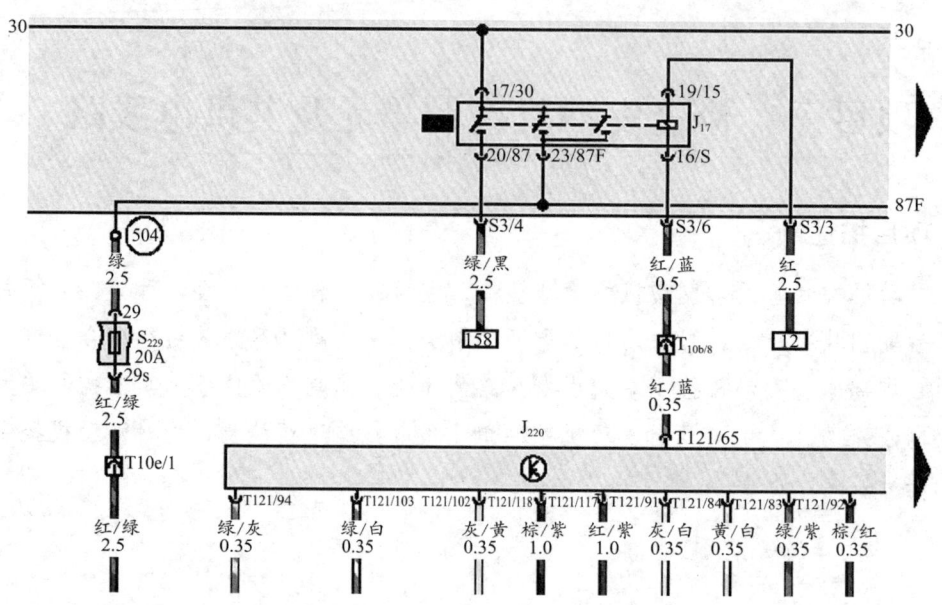

图3-2　发动机控制单元的供电线路图

查询维修手册,确定发动机控制单元供电部分检查内容,填写表3-1。

表3-1

| 序号 | 检测内容/针脚 | 标准值 | 实际值 | 不符合标准值的原因 |
|---|---|---|---|---|
| 1 | | | | |
| 2 | | | | |
| 3 | | | | |
| 4 | | | | |

结果分析:

维修计划:

**（二）教学目标**

1. 能独立查询维修手册并画出发动机控制单元供电部分线路图。
2. 能使用万用表检测发动机控制单元供电线路。
3. 能够排除发动机控制单元供电线路故障。

**（三）教学资源**

PPT教学课件

多媒体教学设备

帕萨特维修手册5套

帕萨特发动机实训台架5台

万用表5台

**（四）教学组织**

30人小班化教学，根据设备数量，将学生分为五个小组并选取组长。先由教师讲解发动机控制单元的作用，展示本节课项目内容并讲明注意事项。然后，各小组根据项目内容展开讨论并由组长进行项目分工，分工项目包括：查询维修手册并查找标准数据、画电路图、使用万用表检测发动机控制单元、记录、安全监督等，确保每位学生都有项目。项目完成后，各小组分析数据找出发动机控制单元供电线路的故障并排除。最后，教师点评各个小组的表现，并带领学生总结发动机控制单元供电线路的检测方法。

**（五）教学过程**

| 项目教学过程 | | 学生学的活动 | 教师教的活动 |
| --- | --- | --- | --- |
| 阶段一 项目引入 | 项目描述 | A. 描述发动机控制单元的作用<br>B. 阐明发动机控制单元供电故障与车辆无法启动之间的关系 | A. 通过PPT进行本次项目的情景导入：一辆帕萨特轿车因发动机控制单元供电线路故障而无法启动，分析汽车无法启动与发动机控制单元供电线路故障之间的关系<br>B. 说明本次项目内容：使用万用表对实训台架上的发动机控制单元供电线路进行检测<br>C. 说明项目目标：通过分析数据排除因发动机控制单元供电线路故障，让发动机能够启动 |

续表

| 项目教学过程 | | 学生学的活动 | 教师教的活动 |
|---|---|---|---|
| | 知识准备 | A. 描述如何使用万用表测量电压和线路单通<br>B. 概述如何查询维修手册画出电路图 | A. 讲解发动机控制单元各个引脚测量方法以及万用表的使用方法<br>B. 概述项目流程：查询维修手册、画电路图、使用万用表检测流量计数据、判断流量计的运行状态 |
| | 项目定位 | A. 讨论并归纳发动机控制单元的检测流程：查询手册、画电路图、使用万用表测数据、分析数据<br>B. 组长安排项目分工，组员明确自己的项目内容 | A. 说明检测发动机控制单元供电线路的目的在于排除汽车无法启动的故障<br>B. 列举需要检测的数据、使用到的工具和操作注意事项<br>C. 说明检测发动机控制单元供电线路的流程 |
| 阶段二<br>项目实施 | 步骤1<br>查询维修手册 | 查询维修手册，画出发动机控制单元供电电路图，并标明各个针脚的标准数据 | 提供维修手册并讲解如何快速查询维修手册 |
| | 步骤2<br>画控制电路图 | 画出发动机控制单元供电的控制电路，记录标准数据并填写学生工作页 | 检查各小组学生画的电路图是否正确，查询的标准数据是否准确 |
| | 步骤3<br>检测数据 | 使用万用表检测发动机控制单元供电线路各个针脚相应的电阻和电压，填写学生工作页 | 说明万用表使用方法和注意事项 |
| | 步骤4<br>对比数据 | 对比标准数据和检测值判断发动机控制单元供电线路的故障并排除故障 | 检查学生的检测数据以及故障的排除是否正确 |
| | 步骤5<br>整理 | 整理设备和工具，打扫现场卫生 | 清点、检查学生使用的设备和工具 |

续表

| 项目教学过程 | | 学生学的活动 | 教师教的活动 |
|---|---|---|---|
| 阶段三 项目总结 | 展示与总体评价 | A. 组长公布小组的检测数据和排除故障的方法<br>B. 组内讨论本小组检测过程<br>C. 根据教师点评，小组内总结本次检测过程 | A. 安排组长公布小组的数据和检测结论<br>B. 对学生的操作进行点评，指出存在的问题<br>C. 带领学生分析检测数据 |
| | 学习小结 | 描述发动机控制单元的作用、以及检测其供电线路的方法 | 带领学生归纳发动机控制单元的作用、以及检测方法 |

（六）技能评价

| 序号 | 技　能 | 评判结果 | |
|---|---|---|---|
| | | 是 | 否 |
| 1 | 能快速查询维修手册 | | |
| 2 | 能正确画出发动机控制单元供电部分线路图 | | |
| 3 | 能规范操作万用表 | | |
| 4 | 能准确测量数据 | | |

## 二、项目操作单

### 项目操作单

**专业名称** 汽车运用与维修
**课程名称** 汽车发动机电控系统设备构造与维修

**工作项目**：一辆帕萨特B5轿车无法启动，初步判断是发动机控制单元供电线路的故障，可能是控制单元与燃油泵继电器之间线路连接出现问题，也可能是燃油泵继电器损坏导致控制单元无法连接电源。

**安全及其他注意事项**：断开或连接蓄电池只能在点火开关切断的情况下进行，否则会烧坏发动机控制单元；车辆进行怠速行驶时，必须由教师来驾驶车辆，严禁学生驾驶车辆；要保证电气设备无故障运行，必须保证蓄电池的电压至少11.5V。

续表

| 问题情境 | 原 因 | 行 动 | 备注 |
|---|---|---|---|
| 一、燃油泵继电器线路损坏 | 燃油泵继电器线圈损坏 | 拔出燃油泵继电器，使用两根跨接线把继电器19/15以及16/5接头连到蓄电池正负极上，如果继电器吸合，证明继电器线圈正常；如果无法吸合，说明继电器线圈损坏，更换继电器 | P-E |
| | 燃油泵继电器线圈线路连接故障 | A. 使用万用表的电压挡，测量继电器插座19/15与发动机搭铁之间的电压，如果电压在12V左右，证明线路正常；如果电压过小或者为零，说明存在断路或者虚接情况，检查线路连接 | P-M |
| | | B. 使用万用表的欧姆挡测量继电器插座16/5与发动机控制单元T121/65接线点之间的电阻，阻值在1Ω以下说明线路正常；如果电阻过大或者为无穷大，说明线路存在虚接或者断路情况，需要检查线路连接 | P-M |
| 二、发动机控制单元与电源之间连接故障 | 发动机控制单元与燃油泵继电器之间线路连接存在故障 | 拔出发动机控制单元接头，使用万用表的欧姆挡测量控制单元T121/65与燃油泵继电器插座上16/5之间的线路电阻值，正常阻值为1Ω以下，如果电阻值偏大或者为无穷大，说明线路之间存在断路或者虚接情况，需要检查线路连接 | P-M |

## 三、学生工作页

**学生工作页**

**项目名称：**

完成以下操作，并记录操作结果。
（1）查询维修手册，画出发动机控制单元供电部分线路图。

（2）根据维修手册，检查发动机控制单元供电部分线路，并填写表3-1。

表3-1

| 序号 | 检测内容/针脚 | 标准值 | 实际值 | 不符合标准值的原因 |
|---|---|---|---|---|
| 1 | | | | |
| 2 | | | | |
| 3 | | | | |
| 4 | | | | |

结果分析：



维修计划：

# 任务二　帕萨特B5轿车发动机控制单元断电后的处理

## 一、教学设计

### （一）项目描述

发动机控制单元需要蓄电池给它持续供电，如果供电中断就会丢失所有的学习值和基本设置信息，这样会出现行驶故障，因此在发动机控制单元断电后需要进行控制单元基本的设置。本项目中学习如何对发动机控制单元进行断电后处理。

查询维修手册，制定小组工作计划与分工，并填写表3-2。

表3-2

| 步骤 | 工作内容 | 设备工具 | 操作员 | 注意事项 |
|---|---|---|---|---|
| 1 |  |  |  |  |
| 2 |  |  |  |  |
| 3 |  |  |  |  |
| 4 |  |  |  |  |
| 5 |  |  |  |  |
| 6 |  |  |  |  |

处理完成后，启动汽车，检查汽车运行情况并读取故障代码，填写表3-3。

表3-3

| 故障代码编号 | 内　容 | 类　别 | 能否清除 |
|---|---|---|---|
|  |  |  |  |
|  |  |  |  |

### （二）教学目标

能独立对发动机控制单元进行断电后处理的操作。

### （三）教学资源

帕萨特B5轿车5辆

故障诊断仪5台

## （四）教学组织

30人小班化教学，根据设备数量，将学生分为五个小组并选取组长。先由教师讲解发动机控制单元的作用，展示本节课项目内容并讲明注意事项。然后，各小组根据项目内容开展讨论并由组长进行项目分工，确保每位学生都有项目。最后，教师点评各个小组的表现，并带领学生总结发动机控制单元断电后的处理方法。

## （五）教学过程

| 项目教学过程 | | 学生学的活动 | 教师教的活动 |
| --- | --- | --- | --- |
| 阶段一 项目引入 | 项目描述 | 概述为何要对控制单元进行断电后处理 | A. 通过PPT进行本次项目的情景导入：一辆帕萨特轿车因更换蓄电池造成了控制单元断电<br>B. 说明本次项目内容：对控制单元进行断电后处理<br>C. 说明项目目标：通过对控制单元进行断电后处理，让汽车重新正常运行 |
| | 知识准备 | A. 概述发动机控制单元的作用<br>B. 简述维修手册的查询方法 | A. 讲解发动机控制单元的作用<br>B. 概述项目流程：查询维修手册、确定断电后处理方法、进行控制单元断电后处理操作 |
| | 项目定位 | A. 讨论并归纳发动机控制单元断电后处理的流程<br>B. 组长安排项目分工，组员明确自己的项目内容 | A. 说明控制单元断电后处理的必要性<br>B. 监督学生们的操作 |
| 阶段二 项目实施 | 步骤1 打开点火开关 | 打开点火开关至少10s，关闭点火开关 | 提供实训车辆 |
| | 步骤2 节气门设置 | 使用故障诊断仪对节气门进行基本设置，完成后断开故障诊断仪的连接 | 提供故障诊断仪，并监督学生的操作 |

续表

| 项目教学过程 | | 学生学的活动 | 教师教的活动 |
|---|---|---|---|
| 阶段三 项目总结 | 步骤3 检查转速 | 启动车辆，检查汽车怠速下的转速是否稳定 | 监督学生操作 |
| | 步骤4 试车 | 启动车辆，观察汽车的水温是否正常 | 监督学生操作并检查汽车的故障是否排除 |
| | 步骤5 整理 | 整理设备和工具，打扫现场卫生 | 清点、检查学生使用的设备和工具 |
| | 展示与总体评价 | A. 组长公布小组的处理方法<br>B. 组内讨论本小组操作过程<br>C. 根据教师点评，小组内总结本次操作过程 | A. 安排组长公布小组处理方法<br>B. 对学生的操作进行点评，指出存在的问题 |
| | 学习小结 | 归纳控制单元断电后处理的方法 | 带领学生归纳控制单元断电后处理的方法 |

## （六）技能评价

| 序号 | 技　能 | 评判结果 | |
|---|---|---|---|
| | | 是 | 否 |
| 1 | 能快速查询维修手册 | | |
| 2 | 能使用故障诊断仪对节气门进行基本的设置 | | |
| 3 | 能正确、安全地启动车辆 | | |

## 二、项目操作单

### 项目操作单

**专业名称**　汽车运用与维修
**课程名称**　汽车发动机电控系统设备构造与维修
**工作项目：**发动机控制单元进行断电后处理。

续表

**安全及其他注意事项**：在进行节气门基本设置时要先关闭车上非必需的用电设备；启动汽车之前需要检查车辆的挡位是否设置在空挡以及手刹是否拉起，保证实训安全；连接故障诊断仪之前先启动车辆，避免启动电流对故障诊断仪的冲击；车辆在怠速运转中不许踩油门踏板。

| 步骤 | 操作方法与说明 | 质量 | 备注 |
| --- | --- | --- | --- |
| 一、对车辆进行防护 | A. 使用钥匙打开车门，在驾驶员侧放置三件套：方向盘套、脚垫、座椅套<br>B. 打开引擎盖并支撑牢固，在发动机舱前面放置翼子板布<br>C. 在汽车前轮胎和后轮胎放置防滑块 | 三件套以及翼子板布放置牢固，防护部分无裸露；防滑块位置正确，并紧贴轮胎，无滑动 | P-E<br>P-E<br>P-M |
| 二、启动汽车 | A. 进入车辆内部，检查挡位设置和手刹，设置挡位为P挡，拉起手刹<br>B. 插入点火钥匙，启动车辆10秒钟<br>C. 关闭点火开关 | 车辆正常启动，不溜车 | P-E<br>P-D<br>P-E |
| 三、连接故障诊断仪VAG1551 | A. 训车辆上找到诊断接口，帕萨特B5轿车的诊断接口在手刹手柄旁边<br>B. 故障诊断仪的数据线连接到车辆诊断接口上 | 故障诊断仪连接牢固，插头无松动 | P-M<br>P-E |

续表

| 步 骤 | 操作方法与说明 | 质 量 | 备注 |
|---|---|---|---|
| | | | |
| 四、读取车辆数据流 | A. 打开点火开关，车辆不运转，使用VAG1551查询故障代码存储器，确保车辆没有任何故障记录<br>B. 读取进气温度，保证进气温度在6℃以上<br>C. 读取冷却液温度，保证冷却液温度在5℃~110℃ | 车辆的各项数据达到检查条件，车辆无故障代码 | P-M<br><br>P-M<br><br>P-M |
| 五、进行节气门基本设置 | A. 故障诊断仪进入发动机控制单元，选择"Adaption（自适应）"功能，选择通道号0<br>B. "Introduction of basic setting（基本设置功能）"，选择组号60，按Q键让系统进行节气门的基本设置 | 通道号选择正确，车辆发动机控制单元成功进行自适应和基本功能设置 | P-M<br><br>P-M |
| 六、检查车辆运行情况 | A. 启动车辆，通过VAG1551读取发动机的怠速转速<br>B. 缓慢开动车辆，观察发动机的水温 | 车辆怠速转速稳定在800r/min，车辆无抖动，试车过程中发动机水温稳定在90℃左右 | P-M<br><br>P-D |
| 七、整理工作现场 | A. 故障诊断仪退出诊断系统并关机。拔下诊断仪数据线和电源线，整理线束后放入工具盒内<br>B. 将车辆熄火，挡位置于空挡，拉起手刹撤掉翼子板布、三件套和防滑快，放下引擎盖，锁好车门<br>C. 打扫现场卫生 | 工具无丢失并摆放整齐，汽车上锁，现场卫生整洁 | P-E<br><br>P-E<br><br>P-E |

## 三、学生工作页

**学生工作页**

**项目名称：**

完成以下操作，并记录操作结果。

（1）查询维修手册，制订小组工作计划，并填入表3-2中。

表3-2

| 步骤 | 工作内容 | 设备工具 | 操作员 | 注意事项 |
|---|---|---|---|---|
| 1 | | | | |
| 2 | | | | |
| 3 | | | | |
| 4 | | | | |
| 5 | | | | |
| 6 | | | | |

（2）处理完成后，启动汽车，检查汽车运行情况并读取故障代码。

汽车运行状况：

连接故障诊断仪，读取故障代码，填写表3-3。

表3-3

| 故障代码编号 | 内　容 | 类　别 | 能否清除 |
|---|---|---|---|
| | | | |
| | | | |
| | | | |
| | | | |

# 项目四　空气流量计的检测

## 任务　排除帕萨特B5轿车上因空气流量检测数据不准确导致排气管冒黑烟的故障

### 一、教学设计

#### （一）项目描述

空气流量计是汽车电控系统中重要的传感器之一，它检测到的数据决定了汽车的喷油量，如果空气流量计出现故障会导致汽车排气管出现冒黑烟的现象。本项目中要学习空气流量计的结构和工作原理，能查询维修手册画出空气流量计的控制电路图，使用工具对流量计进行检测。

学习空气流量计的结构和工作原理。

图4-1　空气流量计

1. 防护网
2. 取样管
3. 白金热线
4. 温度补偿电阻
5. 制电路板
6. 电接头

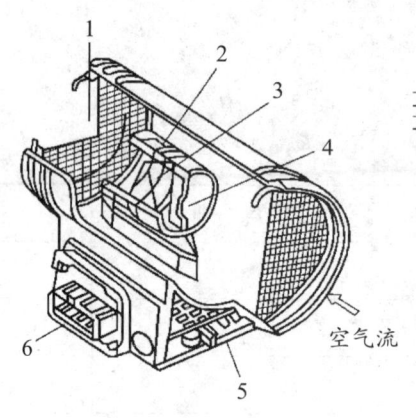

图4-2　空气流量计的结构

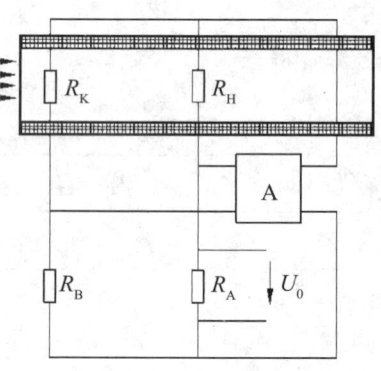

图4-3　空气流量计工作原理

空气流量计，也称空气流量传感器，是发动机管理系统重要的传感器之一。它将吸入的空气流量转换成电信号输送至控制单元（ECU），作为决定喷油量的基本信号之一，是测定进入发动机空气量大小的传感器。空气流量计按其工作原理不同可分为翼板式、卡尔曼旋涡式、量芯式、光电式、热线式和热膜式空气流量计。现代汽车常用的为热膜式空气流量计。

查询维修手册，画出空气流量计的控制电路图，如图4-4所示。

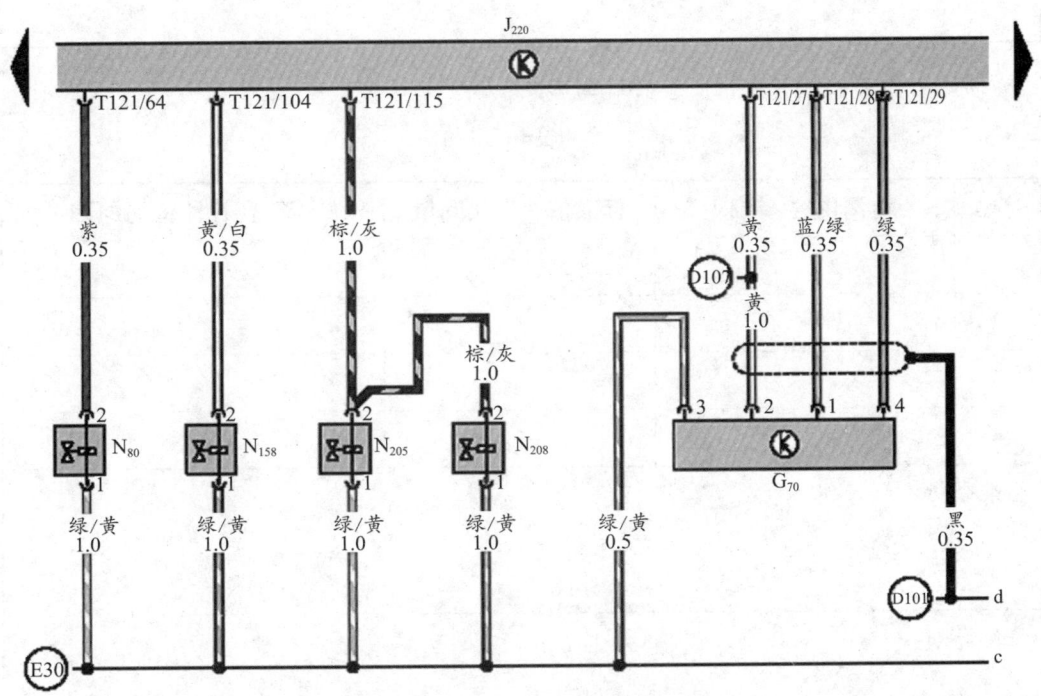

图4-4 空气流量计的控制电路图

根据电路图填写表4-1。

表4-1

| 空气流量计是通过（    ）来供电的 |
|---|
| 空气流量计插头（    ）号针脚和发动机搭铁连接测量为蓄电池电压 |
| 空气流量计插头（    ）号针脚和（    ）号针脚连接测量为5V电压 |

查询维修手册，确定帕萨特B5轿车空气流量计的万用表检查内容，填写表4-2。

表4-2

| 序号 | 检测内容 | 标准范围 | 注意事项 |
|---|---|---|---|
|  |  |  |  |
|  |  |  |  |
|  |  |  |  |
|  |  |  |  |

使用万用表检测各个针脚，并填写表4-3。

表4-3

| 序号 | 检测内容/针脚 | 标准值 | 实际值 | 不符合标注值的原因 |
|---|---|---|---|---|
| 1 |  |  |  |  |
| 2 |  |  |  |  |
| 3 |  |  |  |  |
| 4 |  |  |  |  |

结果分析：

维修计划：

### （二）教学目标

1. 能独立查询维修手册并画出控制电路图。

2. 能使用万用表检测空气流量计。

3. 会判断流量计的运行状态。

### （三）教学资源

PPT教学课件

多媒体教学设备

帕萨特维修手册5套

帕萨特发动机实训台架5台

万用表5台

### （四）教学组织

30人小班化教学，根据设备数量，将学生分为五个小组并选取组长。先由教师讲解空气流量计的结构和原理，展示本节课项目内容并讲明注意事项。然后，各小组根据项目内容展开讨论并由组长进行项目分工，分工项目包括：查询维修手册并查找标准数据、画电路图、连接故障诊断仪并读取数据流、使用万用表检测空气流量计、记录、安全监督等，确保每位学生都有项目。项目完成后，各小组分析检测数据并判断空气流量计的运行状态。最后，教师点评各个小组的表现，并带领学生总结空气流量计的检测方法。

### （五）教学过程

| 项目教学过程 | | 学生学的活动 | 教师教的活动 |
| --- | --- | --- | --- |
| 阶段一 项目引入 | 项目描述 | 能列举项目中需要使用的工具、测量的数据，懂得判断空气流量计运行状态的依据 | A. 通过PPT进行本次项目的情景导入：一辆帕萨特轿车因空气流量计检测数据不准导致排气管出现冒黑烟的现象，分析汽车冒黑烟与空气流量计损坏之间的关系<br>B. 说明本次项目内容：利用万用表对车辆上的空气流量计进行检测<br>C. 说明项目目标：通过将检测数据和标准数据作对比来判断汽车空气流量计的运行状态 |
| | 知识准备 | A. 复述空气流量计的作用、结构和原理<br>B. 说出万用表的使用方法 | A. 讲解空气流量计的作用、结构原理以及万用表和诊断仪的使用方法<br>B. 概述项目流程：查询维修手册、画控制电路图、使用万用表检测流量计数据、判断流量计的运行状态 |
| | 项目定位 | A. 讨论并归纳空气流量计的检测流程：查询维修手册、画控制电路图、使用万用表测数据、分析数据<br>B. 组长安排项目分工，组员明确自己的项目内容 | A. 说明检测空气流量计的目的在于排除汽车冒黑烟的故障<br>B. 列举需要检测流量计的数据、使用到的工具和操作注意事项<br>C. 说明检测空气流量计的流程<br>D. 监督学生检测空气流量计的过程，指导学生操作<br>E. 对学生的操作进行点评 |

续表

| 项目教学过程 | | 学生学的活动 | 教师教的活动 |
|---|---|---|---|
| 阶段二 项目实施 | 步骤1 查询维修手册 | 查询维修手册,找出空气流量计部分的控制电路图以及标准数据 | 讲解如何查询维修手册 |
| | 步骤2 画控制电路图 | 画出空气流量计的控制电路,记录标准数据并填写学生工作页 | 检查各小组学生画的控制电路图是否正确,记录的数据是否准确 |
| | 步骤3 检测流量计各引脚数据 | 使用万用表检测流量计各个引脚相应的电阻和电压,填写学生工作页 | 说明万用表使用方法和注意事项 |
| | 步骤4 对比数据 | 对比标准数据和检测数据判断空气流量计的运行状态 | 安排学生根据检测数据讨论空气流量计的运行状态 |
| 阶段三 项目总结 | 展示与总体评价 | A. 组长公布小组的检测数据和结论 B. 组内讨论本小组检测过程 C. 根据教师点评,小组内总结本次检测过程 | A. 安排组长公布小组的数据和检测结论 B. 对学生的操作进行点评,指出存在的问题 C. 带领学生分析检测数据 |
| | 学习小结 | 描述空气流量计的作用、工作原理以及检测方法 | 带领学生归纳空气流量计作用、工作原理以及检测方法 |

## (六)技能评价

| 序号 | 技能 | 评判结果 | |
|---|---|---|---|
| | | 是 | 否 |
| 1 | 能准确查询维修手册 | | |
| 2 | 能画出空气流量计的控制电路图 | | |
| 3 | 能规范使用万用表 | | |

## 二、项目操作单

<table>
<tr><td colspan="4" align="center">**项目操作单**</td></tr>
<tr><td colspan="4">**专业名称**　汽车运用与维修<br>**课程名称**　汽车发动机电控系统设备构造与维修</td></tr>
<tr><td colspan="4">**工作项目**：一辆2001款的帕萨特B5轿车在运行过程中出现排气管冒黑烟现象，经检查初步判断故障在于发动机进气系统，需要对空气流量计进行检查，通过利用故障诊断仪KT600读取空气流量计的数据流，标准值应该是在2.0~4.5g/s，但是实际数据不合标准，原因可能是进气系统漏气，可能是车辆负载过大，也可能是空气流量计供电电线路出现问题。</td></tr>
<tr><td colspan="4">**安全及其他注意事项**：读取空气流量计数据流之前，需要发动机水温达到90℃左右，车上的非必需用电设备关闭，使用发动机泄漏检测喷剂G 001 800 A1 时要遵守罐上的安全说明。</td></tr>
<tr><th>问题情境</th><th>原　因</th><th>行　动</th><th>备注</th></tr>
<tr><td rowspan="3">一、进气量少于2.0g/s</td><td>进气系统存在严重漏气现象</td><td>A. 启动汽车，连接故障诊断仪进入发动机控制单元读取发动机转速。将发动机泄漏检测剂喷到进气系统单部件上，如果出现发动机转速下降的情况，则证明该部件是泄漏点，检查泄漏点并使用粘合剂堵住或者更换部件</td><td>P-D</td></tr>
<tr><td rowspan="2">空气流量计线路连接故障</td><td>A. 车辆熄火，钥匙处于"ON"挡，使用万用表检查空气流量计触点2与发动机搭铁之间的电压，标准值是12V左右，如果不合标准，检查触点2与ECU接点T121/27之间的线路连接情况</td><td>P-M</td></tr>
<tr><td>B. 使用万用表检查流量计触点2与3之间的电压值，标准值是12V，如果不合标准，检查触点2，3与ECU接点T121/27，T121/53之间的线路连接</td><td>P-M</td></tr>
</table>

续表

| 问题情境 | 原　因 | 行　动 | 备注 |
|---|---|---|---|
| | | C. 使用万用表检查流量计触点3与4之间的电压值，标准值是5V，如果不合标准，检查触点3、4与ECU接点T121/53和车身搭铁之间的线路连接 | P-M |
| 二、进气量大于4.5g/s | 发动机有额外的负荷 | 检查汽车的空调系统、散热风扇等设备是否有开启，如果有就关闭设备 | P-M |
| | 空气流量计线路连接故障 | A. 启动车辆，使用万用表检查触点2与发动机搭铁之间的电压，标准值是12V左右，如果不合标准，检查触点2与ECU接点T121/27之间的线路连接情况 | P-M |
| | | B. 启动车辆，使用万用表检查流量计触点2与3之间的电压值，标准值是12V，如果不合标准，检查触点2、3与ECU接点T121/27、T121/53之间的线路连接 | P-M |
| | | C. 启动车辆，使用万用表检查流量计触点3与4之间的电压值，标准值是5V，如果不合标准，检查触点3、4与ECU接点T121/53和车身搭铁之间的线路连接 | P-M |

## 三、学生工作页

### 学生工作页

项目名称：

完成以下操作，并记录操作结果。

（1）查询维修手册，确定帕萨特B5轿车空气流量计的检查内容，并填写表4-4。

表4-4

| 序号 | 检测内容 | 标准范围 | 注意事项 |
|---|---|---|---|
|  |  |  |  |
|  |  |  |  |
|  |  |  |  |
|  |  |  |  |

（2）检查发动机进气系统的泄漏点，并填写表4-5。

表4-5

| 序号 | 泄漏点位置 | 解决方法 |
|---|---|---|
|  |  |  |
|  |  |  |
|  |  |  |
|  |  |  |

（3）根据维修手册，检查发动机控制单元供电部分线路，并填写表4-6。

表4-6

| 序号 | 检测内容/针脚 | 标准值 | 实际值 | 不符合标准值的原因 |
|---|---|---|---|---|
| 1 |  |  |  |  |
| 2 |  |  |  |  |
| 3 |  |  |  |  |
| 4 |  |  |  |  |

结果分析：

维修计划：

# 项目五　电子节气门体的检测

## 任务　解决帕萨特B5轿车因电子节气门体损坏而怠速不稳的故障

### 一、教学设计

#### （一）项目描述

电子节气门体是发动机管理系统的主要部件之一，用于控制发动机进气管的进气量，从而控制发动机的转速和输出功率。节气门体分机械式和电子式，目前市场上多数车辆均采用电子式节气门体。节气门体集节气门位置传感器、节气门控制器和怠速开关等部件为一体。其中节气门控制部件由发动机控制单元来控制，控制单元收到怠速开关、节气门位置传感器等有关节气门位置的信号后，控制节气门控制器动作，使发动机转速稳定在规定的怠速转速范围。本项目中要学习电子节气门体的结构和原理，能查询维修手册画出电子节气门体的控制电路图，会使用万用表对电子节气门体进行检测并使用故障诊断仪读取数据流。

图5-1　电子节气门体

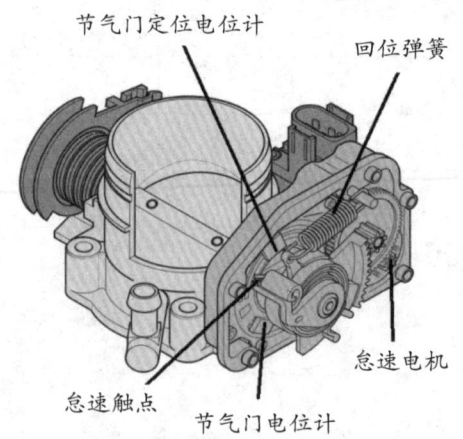

图5-2　电子节气门体的结构

查询维修手册，画出实训车型电子节气门体的控制电路图，如图5-3所示，并注明针脚定义，填写表5-1。

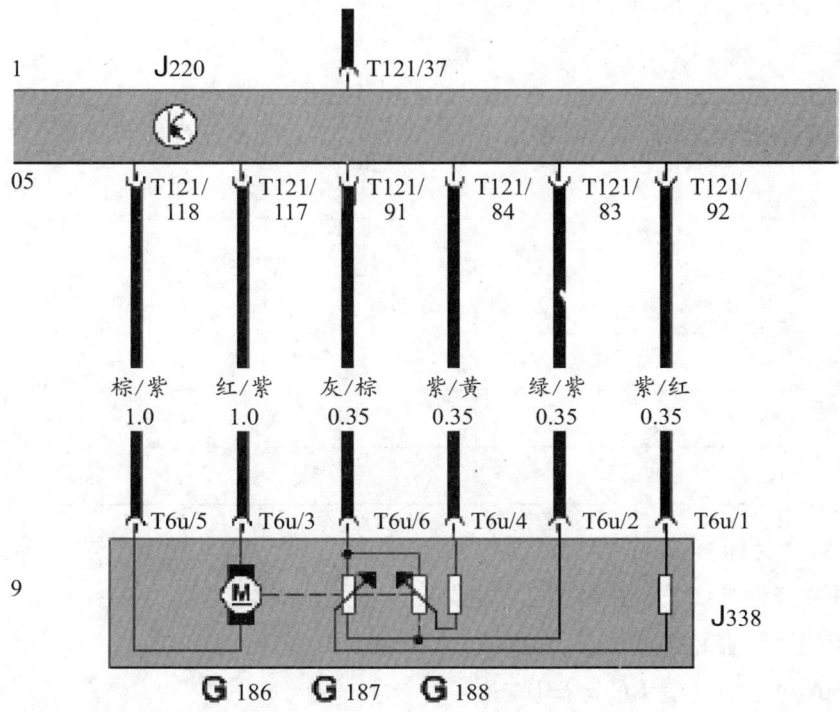

图5-3 电子节气门体的控制电路图

表5-1

| 针脚 | | 针脚 | |
|---|---|---|---|
| 针脚 | | 针脚 | |
| 针脚 | | 针脚 | |

查询维修手册,确定实训车型电子节气门体的检查内容,并填写表5-2。

表5-2

| 序号 | 检测内容 | 标准范围 | 注意事项 |
|---|---|---|---|
| 1 | 电位计1电源和搭铁之间的电压 | | |
| 2 | 电位计2电源和搭铁之间的电压 | | |
| 3 | 电机两端子之间的阻值 | | |
| 4 | 导线之间是否相互短路 | | |

按照小组计划内容实施，将测量数据填入表5-3。

表5-3

| 序号 | 检测内容/针脚 | 标准值 | 实际值 | 不符合标准值的原因 |
|---|---|---|---|---|
| 1 | | | | |
| 2 | | | | |
| 3 | | | | |
| 4 | | | | |
| 5 | | | | |
| 6 | | | | |

**（二）教学目标**

1. 能独立查询维修手册并画出控制电路图。
2. 能使用万用表和故障诊断仪检查电子节气门体。
3. 会判断电子节气门体的运行状态。
4. 能使用工具更换电子节气门体。

**（三）教学资源**

PPT教学课件

多媒体教学设备

帕萨特维修手册5套

帕萨特发动机实训台架5台

万用表5台

故障诊断仪KT600 5台

**（四）教学组织**

30人小班化教学，根据设备数量，将学生分为五个小组并选取组长。先由教师讲解电子节气门体的结构和原理，展示本节课项目内容并讲明注意事项。然后，各小组根据项目内容展开讨论并由组长进行项目分工，分工项目包括：查询维修手册并查找标准数据、画控制电路图、连接故障诊断仪并读取数据流、使用万用表检测电子节气门体、记录、安全监督等，确保每位学生都有项目。项目完成后，各小组分析检测数据并判断电子节气门体的运行状态。最后，教师点评各个小组的表现，并带领学生总结电子节气门体的检测方法。

## （五）教学过程

| 项目教学过程 | | 学生学的活动 | 教师教的活动 |
| --- | --- | --- | --- |
| 阶段一 项目引入 | 项目描述 | 认真听老师讲解，能描述汽车怠速不稳与电子节气门体损坏之间的关系 | A. 通过PPT进行本次项目的情景导入：一辆帕萨特轿车因电子节气门体损坏而出现怠速不稳的状况，并分析汽车怠速不稳与电子节气门体损坏之间的关系<br>B. 说明本次项目内容：使用万用表和故障诊断仪对实训台架上的电子节气门体进行检测并读取数据流<br>C. 说明项目目标：通过将检测数据和标准数据作对比来判断汽车电子节气门体的运行状态 |
| | 知识准备 | A. 复述电子节气门体的作用、结构和原理<br>B. 说出万用表的使用方法<br>C. 概述故障诊断仪的使用方法<br>D. 概述电子节气门体的更换步骤 | A. 讲解电子节气门体的作用、结构和原理<br>B. 展示电子节气门体的形状和安装位置<br>C. 说明万用表和故障诊断仪的使用方法<br>D. 展示电子节气门体的更换方法 |
| | 项目定位 | A. 讨论并归纳电子节气门体的检测流程：查询维修手册、画控制电路图、使用万用表测数据、分析数据、更换电子节气门体<br>B. 组长安排项目分工，组员明确自己的项目内容 | A. 说明检测电子节气门体的目的在于排除汽车怠速不稳的故障<br>B. 列举需要检测的数据、使用到的工具和操作注意事项<br>C. 说明检测电子节气门体的流程<br>D. 监督学生检测和更换电子节气门体的过程，指导学生操作<br>E. 对学生的操作进行点评 |

续表

| 项目教学过程 | | 学生学的活动 | 教师教的活动 |
|---|---|---|---|
| 阶段二 项目实施 | 步骤1 查询维修手册 | 查询维修手册，找出电子节气门体部分的控制电路图以及标准数据 | 提供维修手册 |
| | 步骤2 画控制电路图 | 画出电子节气门体的控制电路图，记录标准数据并填写学生工作页 | 检查各小组学生画的控制电路图是否正确，记录的标准数据是否准确 |
| | 步骤3 检测各引脚数据 | 使用万用表检测电子节气门体各个引脚相应的电阻和电压，填写学生工作页 | 提供实训台架和万用表，并说明万用向表使用方法和注意事项 |
| | 步骤4 使用诊断仪读取数据流 | 连接故障诊断仪KT600，读取实训车辆电子节气门体的数据流并记录 | 提供故障诊断仪并检查学生读取的数据 |
| | 步骤5 对比数据 | 把测量数据与标准数据做对比，判断电子节气门体的运行状态 | 讲解如何通过测量数据判断电子节气门体的运行状态 |
| | 步骤6 更换并整理 | 按照维修手册的要求更换电子节气门体并收拾整理工具 | 监督学生更换电子节气门体，清点设备和工具 |
| 阶段三 项目总结 | 展示与总体评价 | A. 组长公布小组的检测数据和结论<br>B. 组内讨论本小组检测过程<br>C. 根据教师点评，小组内总结本次检测过程 | A. 安排组长公布小组的数据和检测结论<br>B. 带领学生分析检测数据<br>C. 对学生的操作和结果进行点评，指出存在的问题 |
| | 学习小结 | 描述电子节气门体的作用、工作原理以及更换方法 | 带领学生归纳电子节气门体的作用、工作原理以及更换时的注意事项 |

## （六）技能评价

| 序号 | 技 能 | 评判结果 ||
|---|---|---|---|
| | | 是 | 否 |
| 1 | 能快速准确地查询维修手册 | | |
| 2 | 能正确画出电子节气门体的控制电路图 | | |
| 3 | 能规范使用万用表 | | |
| 4 | 能正确使用故障诊断仪 | | |
| 5 | 能按照维修手册的要求更换电子节气门体 | | |

## 二、项目操作单

### 项目操作单

**专业名称** 汽车运用与维修
**课程名称** 汽车发动机电控系统设备构造与维修

**工作项目**：一辆帕萨特B5轿车启动后怠速不稳，初步判断是电子节气门体方面的故障，可能是电子节气门体控制单元损坏，可能是电子节气门体的控制部件损坏，也可能是电子节气门体与控制单元之间的线路连接出现问题。

**安全及其他注意事项**：如果电子节气门体控制部件出现故障需要更换，更换后需要与发动机控制单元之间进行匹配；车辆怠速行驶时，必须由教师来驾驶车辆，严禁学生驾驶车辆；检查电子节气门体时需要车辆满足检查条件。

| 问题情境 | 原 因 | 行 动 | 备注 |
|---|---|---|---|
| 一、电子节气门体的控制单元出现故障 | 电子节气门体控制单元本身损坏 | 拔下电子节气门体控制单元的六脚插头，使用万用表检查插头触点3与5之间的电阻，如果达不到规定值（3~200Ω），证明电子节气门体控制单元损坏，更换电子节气门体控制单元，并与发动机控制单元进行匹配 | P-E |

续表

| 问题情境 | 原 因 | 行 动 | 备注 |
|---|---|---|---|
| 二、电子节气门体的控制部件部分出现故障 | 电子节气门体控制单元的线路连接出现断路 | A. 打开点火开关，拔下电子节气门体控制单元六脚插头，使用万用表测量触点2与6之间的电压，以及触点2与汽车搭铁之间的电压，如果低于4.5V，检查供电线路连接 | P-M |
| | | B. 使用万用表检查电子节气门体控制单元与发动机控制单元之间的线路电阻，如果测量值大于1.5Ω，说明存在断路情况，需要检查电子节气门体控制单元与发动机控制单元之间的线路连接 | P-M |
| | 怠速开关出现故障 | A. 启动车辆，连接故障诊断仪，让车辆怠速行驶，然后慢慢踩下油门踏板，在这个过程中读取发动机运行状态，正常应该是由怠速变为部分负荷，如果显示怠速，拔下控制部件八针插头后显示部分负荷，则更换电子节气门体控制部件 | P-D |
| | | B. 车辆在怠速情况下慢慢踩下油门踏板，如果故障诊断仪显示的发动机运行状态显示为部分负荷，则拔下控制部件八针插头，使用导线跨接3与7号针脚；如果显示为怠速，则更换电子节气门体控制部件 | P-M |
| | 电子节气门体位置调节器和节气门位置调节器的电位计出现故障 | A. 使用故障诊断仪读取电子节气门体位置调节器电位计电压，检查是不是达到0.5~4.89V之间，如果达不到则更换节气门控制器 | P-D |
| | | B. 拔下电子节气门体控制器部件的八针插头，使用万用表检查触点1和2之间的电阻，如果达不到标准值3~200Ω，则更换电子节气门体控制部件 | P-M |

续表

| 问题情境 | 原 因 | 行 动 | 备注 |
|---|---|---|---|
| | 电子节气门体电位计损坏 | 踩下油门踏板,让发动机转速慢慢上升,在这个过程中使用故障诊断仪读取电子节气门体的角度值,正常情况下角度值应该是在0~90°范围内慢慢上升,如果不是,则更换节气门控制部件 | P-E |
| | 电子节气门体控制部件与控制单元之间的线路连接出现故障 | 拔下八针插头,使用万用表检查八针插头与控制单元之间导线电阻,如果阻值超过1.5Ω,则检查线路连接,是否存在断路或者连接不良的情况 | P-M |

## 三、学生工作页

**学生工作页**

项目名称:

完成以下操作,并记录操作结果。
(1)查询维修手册,画出实训车型电子节气门体的控制电路图,并注明针脚定义,填写表5-4。

表5-4

| 针脚 | | 针脚 | |
|---|---|---|---|
| 针脚 | | 针脚 | |
| 针脚 | | 针脚 | |

(2)查询维修手册,确定实训车型电子节气门体的检查内容,并填写表5-5。

表5-5

| 序号 | 检测内容 | 标准范围 | 注意事项 |
| --- | --- | --- | --- |
| 1 | | | |
| 2 | | | |
| 3 | | | |
| 4 | | | |

(3)按照小组计划内容实施,将测量数据填入表5-6。

表5-6

| 序号 | 检测内容/针脚 | 标准值 | 实际值 | 不符合标准值的原因 |
| --- | --- | --- | --- | --- |
| 1 | | | | |
| 2 | | | | |
| 3 | | | | |
| 4 | | | | |

结果分析:

维修计划:

# 项目六  点火系统的检查

## 任务  排除帕萨特B5轿车因点火系统损坏导致发动机运行抖动的故障

### 一、教学设计

#### （一）项目描述

随着汽车汽油发动机向高转速、高压缩比、大功率、低油耗和低排放的方向发展，传统的点火装置已经不适应使用要求。点火装置的核心部件是点火线圈和开关装置，提高点火线圈的能量，火花塞就能产生足够能量的火花，这是点火装置适应现代发动机运行的基本条件。本项目中要学习点火系统的结构和原理，能找出发动机不工作的气缸，能查询维修手册画出点火线圈电路图，能使用万用表对点火线圈进行检测。

图6-1  点火线圈

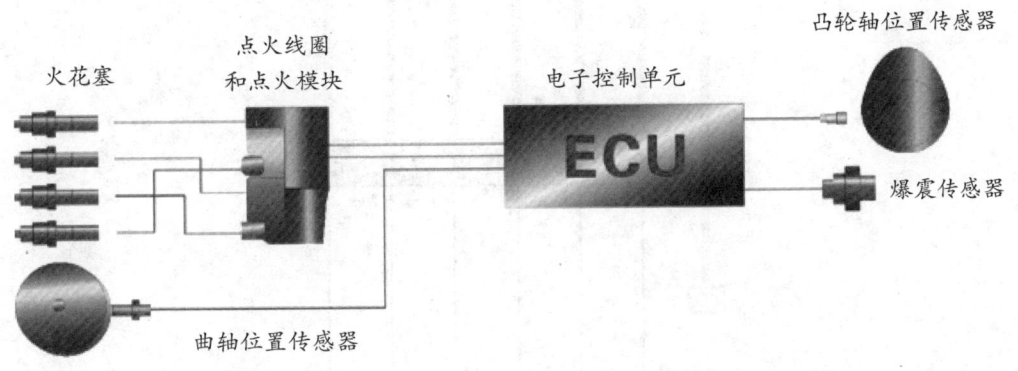

图6-2  点火系统的组成

查询维修手册,掌握确定不工作气缸的方法,如表6-1所示。

表6-1

| 步骤 | 方法描述 |
| --- | --- |
| 1 | 发动机运转时,依次拔下喷油器插头,并注意发动机运转情况 |
| 2 | 比较各缸火花塞,注意电极是否熏黑 |
| 3 | 如果确定某一缸有故障,将火花塞互换 |
| 4 | 如果故障随着火花塞转移,更换火花塞 |
| 5 | 如果同一缸仍然故障,互换点火线圈 |
| 6 | 如果故障随点火线圈转移,更换点火线圈 |
| 7 | 如果同一缸仍有故障,检查此缸点火线圈和功率放大器 |

查询维修手册,画出实训台架点火线圈的控制电路图,如图6-3所示,标明针脚定义,填写表6-2。

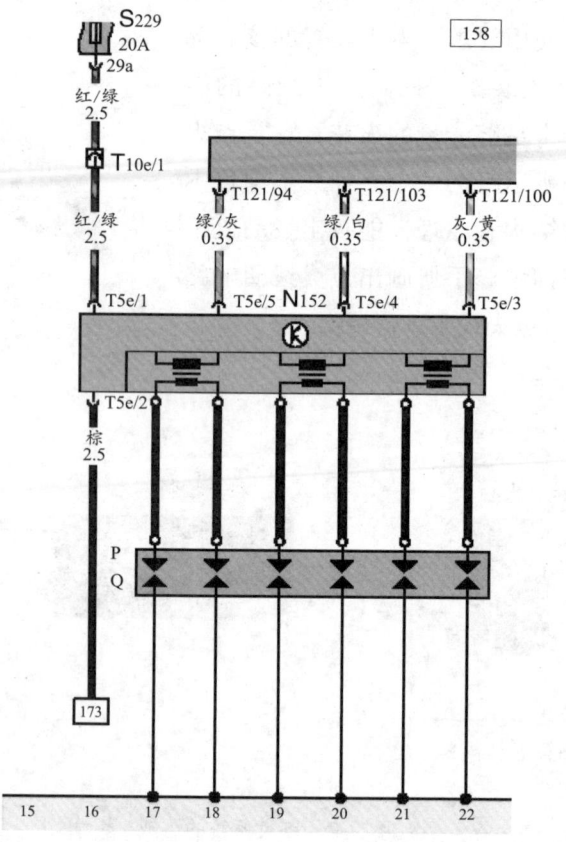

图6-3　点火线圈的控制电路图

表6-2

| 针脚1 | | 针脚2 | |
|---|---|---|---|
| 针脚3 | | 针脚4 | |

查询维修手册,确定点火线圈检测内容并填写表6-3。

表6-3

| 序号 | 检测内容 | 标准范围 | 注意事项 |
|---|---|---|---|
| 1 | | | |
| 2 | | | |
| 3 | | | |
| 4 | | | |

按照小组计划内容实施,将测量数据填入表6-4。

表6-4

| 序号 | 检测内容/针脚 | 标准值 | 实际值 | 不符合标准值的原因 |
|---|---|---|---|---|
| 1 | | | | |
| 2 | | | | |
| 3 | | | | |
| 4 | | | | |
| 5 | | | | |
| 6 | | | | |

## (二)教学目标

1. 能独立查询维修手册并画出控制电路图。
2. 能使用万用表和试灯检查点火线圈。
3. 能判断出哪一个气缸不工作。
4. 会判断点火线圈的运行状态。
5. 能使用工具更换点火线圈。

## (三)教学资源

PPT教学课件

多媒体教学设备

帕萨特维修手册5套

帕萨特发动机实训台架5台

万用表5台

试灯5支

**（四）教学组织**

30人小班化教学，根据设备数量，将学生分为五个小组并选取组长。先由教师讲解点火系统的组成和工作原理，展示本节课项目内容并讲明注意事项。然后，各小组根据项目内容展开讨论并由组长进行项目分工，分工项目包括：查询维修手册并查找标准数据、画控制电路图、找出不工作的气缸、使用万用表检测点火线圈、记录、安全监督等，确保每位学生都有项目。项目完成后，各小组分析检测数据并判断点火线圈的运行状态。最后，教师点评各个小组的表现，并带领学生总结点火系统检测方法。

**（五）教学过程**

| 项目教学过程 | | 学生学的活动 | 教师教的活动 |
| --- | --- | --- | --- |
| 阶段一<br>项目引入 | 项目描述 | 讨论并描述汽车发动机抖动与点火系统故障之间的关系 | A. 通过PPT进行本次项目的情景导入：一辆帕萨特轿车因点火系统故障导致发动机运行抖动，分析发动机运行抖动与点火系统故障之间的关系<br>B. 说明本次项目内容：判断不工作的气缸，使用万用表和试灯对实训台架上的点火系统进行检测<br>C. 说明项目目标：通过将检测数据和标准数据作对比来判断汽车点火系统的运行状态 |
| | 知识准备 | A. 复述点火线圈的结构和工作原理<br>B. 说出万用表的使用方法<br>C. 概述试灯的使用方法<br>D. 概述更换火花塞的步骤 | A. 讲解点火系统的结构和工作原理<br>B. 展示点火线圈的形状和安装位置<br>C. 说明万用表和试灯的使用方法<br>D. 展示更换火花塞的方法 |

续表

| 项目教学过程 | | 学生学的活动 | 教师教的活动 |
|---|---|---|---|
| | 项目定位 | A. 讨论并归纳点火系统的检测流程：查询维修手册、画控制电路图、使用万用表和试灯检测火花塞、分析数据、更换火花塞<br>B. 组长安排项目分工，组员明确自己的项目内容 | A. 说明检测点火系统的目的在于排除发动机运行抖动的故障<br>B. 列举需要检测的数据、使用到的工具和操作注意事项<br>C. 说明检测点火系统的流程<br>D. 监督学生检测和更换点火线圈的过程，指导学生操作<br>E. 对学生的操作进行点评 |
| 阶段二<br>项目实施 | 步骤1<br>查询维修手册 | 查询维修手册，找出点火线圈部分的控制电路图以及标准数据 | 提供维修手册 |
| | 步骤2<br>画控制电路图 | 画出点火线圈控制电路，记录标准数据并填写学生工作页 | 检查各小组学生画的电路图是否正确，记录的标准数据是否准确 |
| | 步骤3<br>寻找不工作气缸 | 查询维修手册，找出实训车辆上不工作的气缸 | 给小组指定实训车辆，检查学生找出的气缸是否正确 |
| | 步骤4<br>检测各引脚数据 | 使用万用表和试灯检测点火线圈各个引脚相应的电阻和电压，填写学生工作页 | 提供试灯和万用表并说明试灯的使用方法和注意事项 |
| | 步骤5<br>对比数据 | 把测量数据与标准数据做对比，判断点火系统的运行状态 | 讲解如何通过测量数据判断点火系统的运行状态 |
| | 步骤6<br>更换并整理 | 按照维修手册的要求更换火花塞并收拾整理工具 | 监督学生更换火花塞，清点设备和工具 |

续表

| 项目教学过程 | | 学生学的活动 | 教师教的活动 |
|---|---|---|---|
| 阶段三 项目总结 | 展示与总体评价 | A. 组长公布小组的检测数据和结论<br>B. 组内讨论本小组检测过程<br>C. 根据教师点评，小组内总结本次检测过程 | A. 安排组长公布小组的数据和检测结论<br>B. 带领学生分析检测数据<br>C. 对学生的操作和结果进行点评，指出存在的问题 |
| | 学习小结 | 描述火花塞的作用、工作原理以及更换方法 | 带领学生归纳火花塞的结构、工作原理以及更换时的注意事项 |

## （六）技能评价

| 序号 | 技　能 | 评判结果 | |
|---|---|---|---|
| | | 是 | 否 |
| 1 | 能快速准确地查询维修手册 | | |
| 2 | 能正确画出点火线圈的控制电路图 | | |
| 3 | 能规范使用万用表、试灯 | | |
| 4 | 能正确判断不工作的气缸 | | |
| 5 | 能按照维修手册的要求更换火花塞 | | |

## 二、项目操作单

### 项目操作单

**专业名称**　汽车运用与维修

**课程名称**　汽车发动机电控系统设备构造与维修

**工作项目**：一辆帕萨特B5轿车启动后发动机抖动，初步判断是点火系统方面的故障，可能是点火线圈损坏，也可能是火花塞损坏导致某一缸不点火。

续表

**安全及其他注意事项**：断开或连接蓄电池只能在点火开关切断的情况下进行，否则会烧坏发动机控制单元；车辆怠速行驶时，必须由教师来驾驶车辆，严禁学生驾驶车辆；要保证电气设备无故障运行，必须保证蓄电池的电压不低于11.5V。

| 问题情境 | 原因 | 行动 | 备注 |
|---|---|---|---|
| 一、点火线圈故障无法输出额定电压 | 点火线圈线路连接出现故障 | A. 拔出点火线圈插头<br>B. 使用万用表欧姆挡测量点火线圈接头1，2号与发动机搭铁之间的电阻，如果阻值在1Ω左右，证明线路连接正常，否则说明存在断路情况，需要检查线路<br>C. 使用万用表欧姆挡测量点火线圈3，4，5号接点与发动机控制单元102，103，94接点之间的电阻，如果电阻在1Ω左右，说明线路正常，否则说明存在断路情况，检查线路连接 | P-E<br>P-M<br><br>P-D |
| | 点火线圈本身损坏 | A. 拔出点火线圈，拔掉燃油泵继电器<br>B. 把完好的火花塞装入点火线圈<br>C. 拨动点火钥匙，把火花塞靠近发动机金属部分，进行跳火试验，出现火花证明点火线圈正常；否则说明点火线圈损坏，更换点火线圈 | P-D<br><br>P-M<br>P-M |
| 二、火花塞出现故障 | 火花塞表面出现损坏 | A. 使用专用套筒拆下火花塞<br>B. 目视检查表面是否存在绝缘皮破损、旁电极烧损现象，如果有需要更换火花塞 | P-D<br>P-M |
| | 火花塞电极间间隙过大 | A. 使用塞尺测量4个火花塞的电极间隙，正常值应该在0.9~1.1mm，如果达不到要求则更换火花塞 | P-D |

## 三、学生工作页

### 学生工作页

**项目名称：**

完成以下操作，并记录操作结果。

（1）查询维修手册，掌握确定不工作气缸的方法，填写表6-5。

表6-5

| 步骤 | 方法描述 |
| --- | --- |
| 1 | |
| 2 | |
| 3 | |
| 4 | |
| 5 | |
| 6 | |
| 7 | |

不工作气缸：

（2）查询维修手册，画出实训车型的点火线圈的控制电路图，并注明针脚定义，填写表6-6。

表6-6

| 针脚 |  | 针脚 |  |
|---|---|---|---|
| 针脚 |  | 针脚 |  |
| 针脚 |  | 针脚 |  |

（3）查询维修手册，确定实训车型点火线圈的检查内容，并填写表6-7。

表6-7

| 序号 | 检测内容 | 标准范围 | 注意事项 |
|---|---|---|---|
| 1 |  |  |  |
| 2 |  |  |  |
| 3 |  |  |  |
| 4 |  |  |  |

（4）按照小组计划内容实施，将测量数据填入表6-8。

表6-8

| 序号 | 检测内容/针脚 | 标准值 | 实际值 | 不符合标准值的原因 |
|---|---|---|---|---|
| 1 |  |  |  |  |
| 2 |  |  |  |  |
| 3 |  |  |  |  |
| 4 |  |  |  |  |

结果分析：

维修计划：

# 项目七 曲轴位置传感器的检查

## 任务 排除帕萨特B5轿车因曲轴位置传感器信号缺失而无法启动的故障

### 一、教学设计

#### （一）项目描述

曲轴位置传感器的信号决定了点火时间和喷油时间，该信号的丢失会导致发动机熄火。因此当车辆不能启动时我们需要检测曲轴位置传感器的信号是否丢失。本项目中需要使用万用表和试灯检查曲轴位置传感器是否正常工作以及传感器的信号是否能到达发动机控制单元。

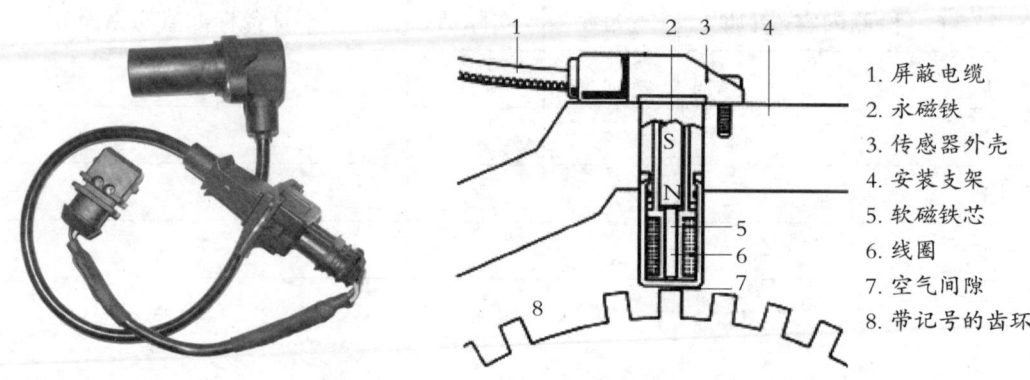

图7-1 曲轴位置传感器　　　　图7-2 曲轴位置传感器结构

曲轴位置传感器一般采用的是电磁感应式。传感器的软磁铁芯被线圈包围，与安装在曲轴上的一脉冲齿圈正对安装，两者间有一狭小空气间隙。软磁铁芯与一永磁铁相连，磁场延伸至铁磁性的脉冲齿圈，并受其影响。

随着曲轴带动齿圈的转动，齿圈的齿尖可能与传感器正对或偏离，引起磁路的变化，从而在线圈中感生交流电压，其频率取决于转速，而电压幅值则与转速和空气隙大小有关。

在齿圈上加工出"两个缺齿",不仅可以测量转速,也可获取曲轴的位置信息。

查询维修手册,画出实训车型曲轴位置传感器的控制电路图,如图7-3所示,注明针脚定义,填写表7-1。

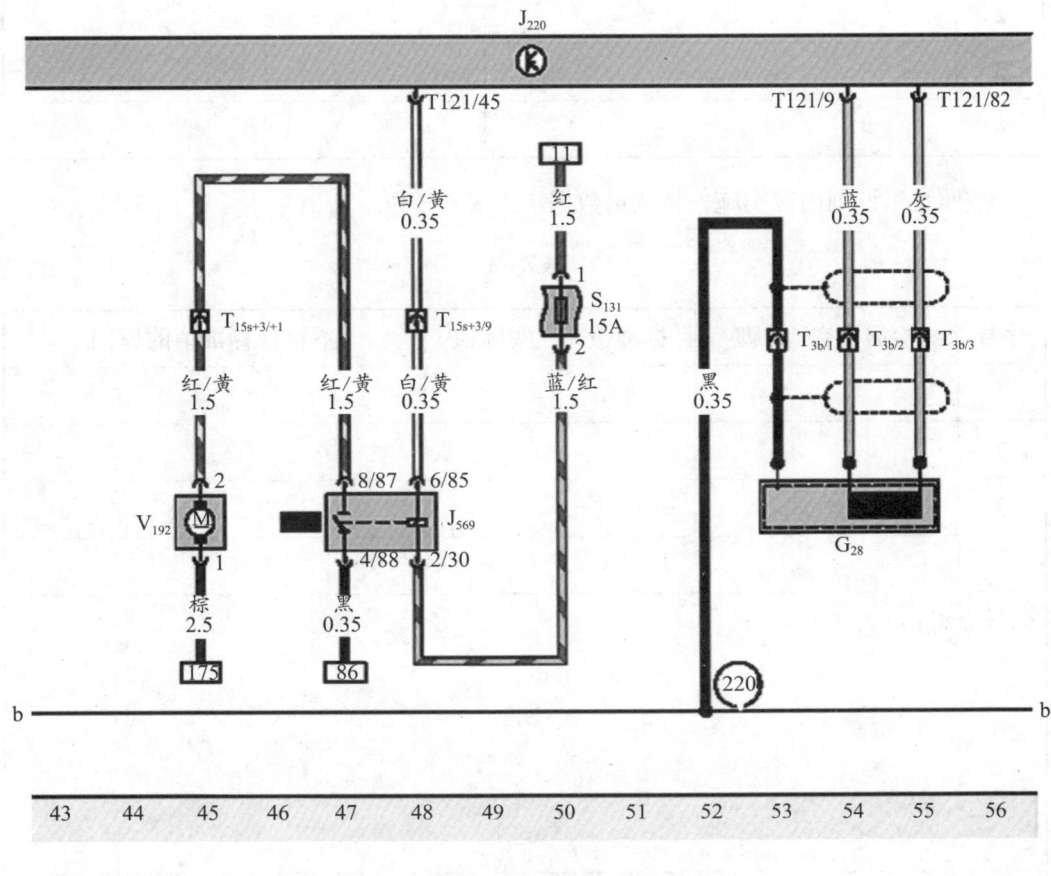

图7-3 曲轴位置传感器的控制电路图

表7-1

| 针脚 |  | 针脚 |  |
|---|---|---|---|
| 针脚 |  | 针脚 |  |
| 针脚 |  | 针脚 |  |

查询维修手册,确定实训车型曲轴位置传感器的检查内容,并填写表7-2。

表7-2

| 序号 | 检测内容 | 标准范围 | 注意事项 |
| --- | --- | --- | --- |
| 1 | | | |
| 2 | | | |
| 3 | | | |
| 4 | | | |

按照小组计划内容实施,将测量数据填入表7-3中。

表7-3

| 序号 | 检测内容/针脚 | 标准值 | 实际值 | 不符合标准值的原因 |
| --- | --- | --- | --- | --- |
| 1 | | | | |
| 2 | | | | |
| 3 | | | | |
| 4 | | | | |

结果分析:

维修计划:

### (二)教学目标

1. 能使用万用表检测曲轴位置传感器各个针脚的数值。
2. 能使用试灯检查曲轴位置传感器与发动机控制单元之间的信号线路。
3. 能根据检测数据判断曲轴位置传感器的运行状态。
4. 能根据维修手册的要求更换曲轴位置传感器。

### （三）教学资源

PPT教学课件

多媒体教学设备

帕萨特发动机实训台架5台

维修手册5本

万用表5台

试灯5个

### （四）教学组织

30人小班化教学，根据设备数量，将学生分为五个小组并选取组长。先由教师带领学生学习曲轴位置传感器的结构和工作原理，展示本节课项目内容。然后，各小组根据项目内容开展讨论并制定小组工作计划。教师提供实训车辆和检测工具，学生根据要求检测各个针脚和信号线路。最后，由教师带领学生点评各小组的数据和操作。

### （五）教学过程

| 项目教学过程 | | 学生学的活动 | 教师教的活动 |
| --- | --- | --- | --- |
| 阶段一 项目引入 | 项目描述 | A. 概述曲轴位置传感器的工作原理和作用 B. 讨论并描述车辆无法启动与曲轴位置传感器信号丢失之间的关系 | A. 结合PPT，阐明汽车无法启动与曲轴位置传感器信号丢失之间的联系 B. 说明本次项目内容：检测曲轴位置传感器各个针脚的数据，检查传感器与发动机控制单元之间线路是否通畅 C. 说明项目目标：通过对比数据判断曲轴位置传感器的状态以及线路连接是否正常，通过更换传感器或者线路的方法解决发动机无法启动的故障 |
| | 知识准备 | A. 熟记试灯的使用注意事项 B. 概述如何判断线路的通断 | A. 讲解曲轴位置传感器各个针脚定义 B. 列举各针脚的标准值 C. 说明试灯的使用方法和注意事项 |

续表

| 项目教学过程 | | 学生学的活动 | 教师教的活动 |
|---|---|---|---|
| | 项目定位 | A. 讨论并归纳本次项目需要测量哪些数据<br>B. 组长安排项目分工，组员明确自己的项目内容 | A. 说明学习曲轴位置传感器结构、工作原理的重要性<br>B. 列举需要查询的数据<br>C. 对学生的操作和最终结果进行点评 |
| 阶段二<br>项目实施 | 步骤1<br>寻找位置 | 找出实训台架上曲轴位置传感器的位置 | 给各小组指定实训台架 |
| | 步骤2<br>测量针脚 | 启动发动机台架，使用万用表检查曲轴位置传感器各个针脚的数据 | A. 给各小组提供万用表<br>B. 监督学生的操作 |
| | 步骤3<br>检查线路 | 使用试灯检查曲轴位置传感器与发动机控制单元之间的线路 | A. 提供试灯<br>B. 监督学生的操作 |
| | 步骤4<br>判断故障原因 | 根据检测结果和标准数据判断故障原因并排除故障 | A. 组织学生讨论故障原因<br>B. 监督学生的操作 |
| 阶段三<br>项目总结 | 展示与总体评价 | A. 组长公布小组的检测数据和讨论结果<br>B. 根据教师点评，小组内总结本次检测过程 | A. 安排组长公布小组的数据和讨论结果<br>B. 对学生的操作进行点评，指出存在的问题 |
| | 学习小结 | 概述在曲轴位置传感器信号丢失的情况下如何制定修复计划 | 带领学生归纳曲轴位置传感器的工作原理以及检测方法 |

## （六）技能评价

| 序号 | 技能 | 评判结果 | |
|---|---|---|---|
| | | 是 | 否 |
| 1 | 能检测曲轴位置传感器各针脚的数值 | | |
| 2 | 能使用试灯检查信号线路 | | |
| 3 | 能根据维修手册要求更换曲轴位置传感器 | | |

## 二、项目操作单

### 项目操作单

**专业名称** 汽车运用与维修
**课程名称** 汽车发动机电控系统设备构造与维修

**工作项目：** 一辆帕萨特B5轿车无法启动，经检测，初步判断故障在于曲轴位置传感器信号的丢失，可能是传感器本身不能输出转速信号，也可能是传感器产生的信号无法传递给发动机控制单元。

**安全及其他注意事项：** 导致转速信号丢失的原因有好几个，针对不同的原因要采取不同的检测方法，检测过程要符合维修手册的规范。

| 问题情境 | 原因 | 行动 | 备注 |
|---|---|---|---|
| 一、曲轴位置传感器不产生转速信号 | 曲轴位置传感器本身损坏 | A. 检查曲轴位置传感器三根线之间是否互相短路，如果有短路则更换传感器 | P-E |
| | | B. 检查2号3号线之间的电阻是否在730~1000Ω，如果测量值不在上述范围内则更换传感器 | P-E |
| | | C. 检查曲轴位置传感器三根线与电池正极之间是否短路，如果存在短路情况就更换传感器 | P-E |
| | 曲轴位置传感器安装松动，因与信号盘距离过大无法检测到转速信号 | A. 使用手触摸曲轴位置传感器，检查是否松动，如果松动则更换紧固螺栓，重新安装传感器 | P-E |
| | | B. 将试灯连接在2号3号线之间，转动信号盘，检查试灯是否亮起，不亮说明安装距离过大，则调整传感器与信号盘之间的距离 | P-M |
| 二、发动机控制单元接收不到转速信号 | 传感器信号线断路 | 检查曲轴位置传感器2号线与发动机控制单元接点T121/90之间的电阻，如果远大于1.5Ω，说明断路，需要检查信号线路连接状况 | P-D |

续表

| 问题情境 | 原 因 | 行 动 | 备注 |
|---|---|---|---|
| | 传感器信号地线断路 | 检查曲轴位置传感器1号线与发动机控制单元接点T121/82之间的电阻，如果远大于1.5Ω，说明断路，需要检查信号地线连接状况 | P-D |
| | 转速信号被干扰 | 检查曲轴位置传感器3号线与车身搭铁之间的电阻，如果远大于1.5Ω，说明屏蔽线损坏，需要更换传感器 | P-D |

### 三、学生工作页

## 学生工作页

**项目名称：**

完成以下操作，并记录操作结果。
（1）查询维修手册，画出实训车型的曲轴位置传感器的控制电路图，注明针脚定义并填入表7-4。

表7-4

| 针脚 | | 针脚 | |
|---|---|---|---|
| 针脚 | | 针脚 | |
| 针脚 | | 针脚 | |

（2）查询维修手册，确定实训车型曲轴位置传感器的检查内容，并填写表7-5。

表7-5

| 序号 | 检测内容 | 标准范围 | 注意事项 |
|---|---|---|---|
| 1 | | | |
| 2 | | | |
| 3 | | | |
| 4 | | | |

（3）按照小组计划内容实施，将测量数据填入表7-6。

表7-6

| 序号 | 检测内容/针脚 | 标准值 | 实际值 | 不符合标准值的原因 |
|---|---|---|---|---|
| 1 | | | | |
| 2 | | | | |
| 3 | | | | |
| 4 | | | | |

结果分析：

维修计划：

# 项目八 燃油供给系统的检查与修理

## 项目描述

汽车的燃油供给系统负责给发动机输送汽油,主要由喷油嘴、进气歧管压力传感器、燃油泵等部件组成。如果其中有一个部件出现问题,会导致发动机加速不良、抖动以及不能启动等。本项目中要学习冷却液温度传感器、进气歧管压力传感器、燃油泵继电器及线路、喷油嘴等零件的结构和原理,并学会使用万用表、故障诊断仪等检测设备对零件进行检测。

## 任务一 排除帕萨特B5轿车因冷却液温度传感器故障而在怠速条件下抖动的问题

### 一、教学设计

#### (一)项目描述

冷却液温度传感器通常与至水温表的冷却液温度传感器装在一起。它是一个负温度系数热敏电阻,冷却液温度上升时阻值下降。发动机控制单元通过因阻值大小而改变的信号来识别冷却液温度,作为喷油量、点火提前角等控制功能的修正信号。如果没有冷却液输出信号或信号错误,会导致发动机冷车或热车启动困难,油耗增加,尾气排放超标。本项目中要学习冷却液温度传感器的结构和工作原理,能够查询维修手册画出温度传感器的控制电路图,并能使用万用表检测温度传感器的状态。

图8-1 冷却液温度传感器

项目八　燃油供给系统的检查与修理

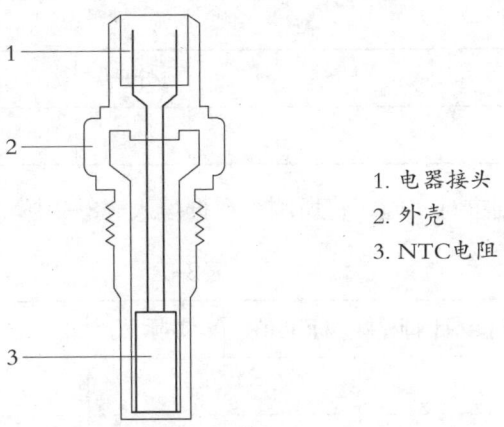

1. 电器接头
2. 外壳
3. NTC电阻

图8-2　冷却液温度传感器的结构

查询维修手册，画出帕萨特B5轿车冷却液温度传感器的控制电路图，如图8-3所示，并注明针脚的含义，填入表8-1中。

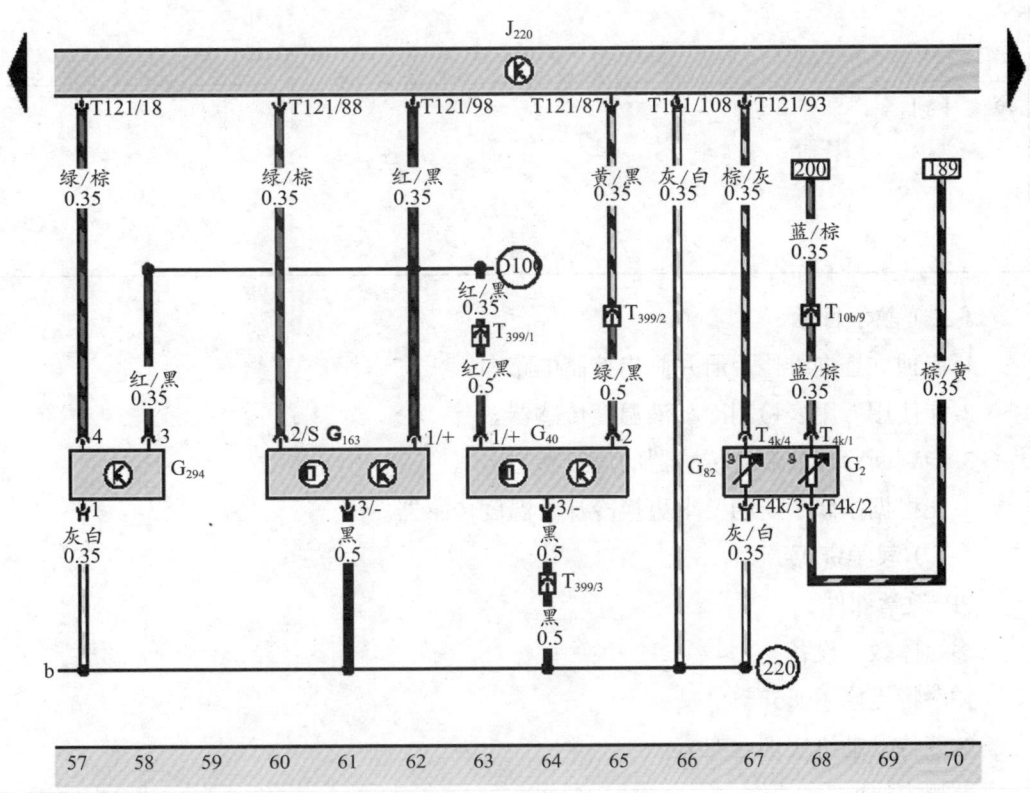

图8-3　冷却液温度传感器的控制电路图

表8-1

| 针脚 | | 针脚 | |
|---|---|---|---|
| 针脚 | | | |

学生按照计划进行实施,将所测得数据填入表8-2中。

表8-2

| 序号 | 检测内容/针脚 | 标准值 | 实际值 | 不符合标准值的原因 |
|---|---|---|---|---|
| 1 | | | | |
| 2 | | | | |
| 3 | | | | |
| 结果分析: | | | | |
| 维修计划: | | | | |

（二）教学目标

1. 能独立查询维修手册并画出控制电路图。
2. 能使用万用表检测冷却液温度传感器。
3. 会判断冷却液温度传感器的运行状态。
4. 能根据维修手册的要求更换冷却液温度传感器。

（三）教学资源

PPT教学课件

多媒体教学设备

帕萨特维修手册5套

帕萨特发动机实训台架5台

万用表5台

（四）教学组织

30人小班化教学，根据设备数量，将学生分为五个小组并选取组长。先由教师讲解冷却液温度传感器的结构和原理,展示本节课项目内容并讲明注意事项。然后,各小组根据项目内容展开讨论并由组长进行项目分工,分工项目包括:查询维修手册并查找标准数据、画控制电路图、使用万用表检测冷却液温度传感器各针脚、记录、安全监督等,确保每位学生都有项目。项目完成后,各小组分析检测数据并判断冷却液温度传感器的运行状态。最后,教师点评各个小组的表现,并带领学生总结冷却液温度传感器的检测方法。

(五)教学过程

| 项目教学过程 | | 学生学的活动 | 教师教的活动 |
| --- | --- | --- | --- |
| 阶段一 项目引入 | 项目描述 | 听老师讲解,并组内讨论冷却液温度传感器损坏导致汽车在怠速条件下抖动的问题 | A. 结合PPT进行本次项目的情景导入:一辆帕萨特轿车冷却液温度不正常,车主怀疑是冷却液温度传感器故障导致的,需要同学们对冷却液温度传感器进行检测<br>B. 说明本次项目内容:利用万用表对实训台架上的冷却液温度传感器进行检测<br>C. 说明项目目标:通过将检测数据和标准数据作对比来判断汽车冷却液温度传感器的运行状态 |
| | 知识准备 | A. 复述冷却液温度传感器的作用、结构原理以及万用表和故障诊断仪的使用方法<br>B. 概述维修手册的查询方法 | A. 讲解冷却液温度传感器的作用、结构原理以及万用表和故障诊断仪的使用方法<br>B. 概述项目流程:查询维修手册、画控制电路图、需要使用万用表检测的数据、判断冷却液温度传感器的运行状态 |
| | 项目定位 | A. 讨论并归纳冷却液温度传感器的检测流程:查询维修手册、画控制电路图、使用万用表检测数据、分析数据 | A. 说明检测冷却液温度传感器的目的在于排除汽车冷却液温度显示不准确的故障<br>B. 列举需要检测冷却液温度传感器的数据、使用到的工具和操作注意事项 |

续表

| 项目教学过程 | | 学生学的活动 | 教师教的活动 |
|---|---|---|---|
| | | B. 组长安排项目分工，组员明确自己的项目内容 | C. 说明检测冷却液温度传感器的流程<br>D. 监督学生检测冷却液温度传感器的过程，指导学生操作<br>E. 对学生的操作进行点评 |
| 阶段二<br>项目实施 | 步骤1<br>查询维修手册 | 查询维修手册，找出冷却液温度传感器的控制电路图以及标准数据 | A. 给学生提供维修手册<br>B. 检查学生画的控制电路图和查询的数据是否正确 |
| | 步骤2<br>检测冷却液温度传感器 | 按照维修手册要求拆下冷却液温度传感器，放入水中并加热，检测在不同水温下传感器各引脚的数据 | A. 给学生指定实训台架，提供万用表、水温计、电加热器等设备<br>B. 监督学生操作 |
| | 步骤3<br>判断传感器的状态 | 把测量数据与标准数据作对比，判断冷却液温度传感器的状态 | 组织学生把测量数据与标准数据作对比，引导学生判断传感器的运行状态 |
| 阶段三<br>项目总结 | 展示与总体评价 | A. 组长公布小组的检测数据和结论<br>B. 组内讨论本小组检测过程<br>C. 根据教师点评，组内总结本次检测过程 | A. 安排组长公布小组的数据和检测结论<br>B. 对学生的操作进行点评，指出存在的问题<br>C. 带领学生分析检测数据 |
| | 学习小结 | 描述冷却液温度传感器的作用、工作原理以及检测方法 | 带领学生归纳冷却液温度传感器的作用、工作原理以及检测方法 |

## （六）技能评价

| 序号 | 技 能 | 评判结果 ||
|---|---|---|---|
|  |  | 是 | 否 |
| 1 | 能独立查询维修手册 |  |  |
| 2 | 能根据维修手册画出控制电路图并查明标准值 |  |  |
| 3 | 能够正确使用万用表 |  |  |
| 4 | 能根据维修手册的要求更换冷却液温度传感器 |  |  |

## 二、项目操作单

### 项目操作单

**专业名称** 汽车运用与维修
**课程名称** 汽车发动机电控系统设备构造与维修

**工作项目**：一辆帕萨特B5轿车启动后出现怠速不稳的状况，而且发动机水温一直达不到90℃。经检测，初步判断故障点在于冷却液温度传感器，可能是传感器本身的损坏，也可能是冷却液温度传感器和发动机控制单元之间的线路连接出现问题。

**安全及其他注意事项**：冷却液温度传感器信号不准确的原因有好几个，针对不同的原因要采取不同的方法；在检查冷却液温度传感器之间要保证汽车处于冷车状态。

| 问题情境 | 原因 | 行动 | 备注 |
|---|---|---|---|
| 一、冷却液温度传感器没有产生信号 | 传感器本身损坏 | 拔下冷却液温度传感器的四针插头，把传感器的测量部分放入水中，用加热器对水加热，使用万用表的欧姆挡检查在30℃和80℃下触点3与4之间的电阻，标准的电阻值应该是1.5～2.0KΩ以及275～375Ω，如果不符合要求，则更换冷却液温度传感器 | P-M |

续表

| 问题情境 | 原因 | 行动 | 备注 |
|---|---|---|---|
| 二、发动机控制单元接收不到冷却液温度传感器的信号 | 传感器信号线断路 | 检查冷却液温度传感器1号线与组合仪表显示控制单元接点T32a/8之间的电阻，如果远大于1.5Ω，说明断路，需要检查信号线路连接状况 | P-D |
| | 信号地线断路 | 检查冷却液温度传感器2号线与车身搭铁之间的电阻，如果远大于1.5Ω，说明屏蔽线损坏，需要更换传感器 | P-D |

### 三、学生工作页

### 学生工作页

**项目名称：**

完成以下操作，并记录操作结果。
（1）查询维修手册，画出实训车型冷却液温度传感器的控制电路图，并注明针脚定义，填入表8-3中。

表8-3

| 针脚 | | 针脚 | |
|---|---|---|---|
| 针脚 | | 针脚 | |
| 针脚 | | 针脚 | |

（2）查询维修手册，确定实训车型冷却液温度传感器的检查内容，填写表8-4。

表8-4

| 序号 | 检测内容 | 标准范围 | 注意事项 |
| --- | --- | --- | --- |
| 1 | | | |
| 2 | | | |
| 3 | | | |
| 4 | | | |

（3）按照小组计划内容实施，将测量数据填入表8-5。

表8-5

| 序号 | 检测内容/针脚 | 标准值 | 实际值 | 不符合标准值的原因 |
| --- | --- | --- | --- | --- |
| 1 | | | | |
| 2 | | | | |
| 3 | | | | |
| 4 | | | | |

结果分析：

维修计划：

# 任务二  排除帕萨特B5轿车因进气歧管压力传感器检测不准确而怠速不稳的故障

## 一、教学设计

### （一）项目描述

进气歧管压力传感器负责检测发动机的进气压力，进气压力信号和转速信号一起输入到发动机控制单元，作为决定喷油器基本喷油量的依据。发动机工作时，来自进气管的压力使硅膜片产生变形，硅膜片的变形使扩散在膜片上的电阻阻值发生改变，导致电桥输出电压变化。传感器上的集成电路将电压信号放大处理后送到控制单元中，此信号称为控制单元计算进气量的主要依据。本项目中要学习进气歧管压力传感器的结构和工作原理，能够查询维修手册画出进气歧管压力传感器的控制电路图，并且能使用万用表检测进气歧管压力传感器各针脚的数据。

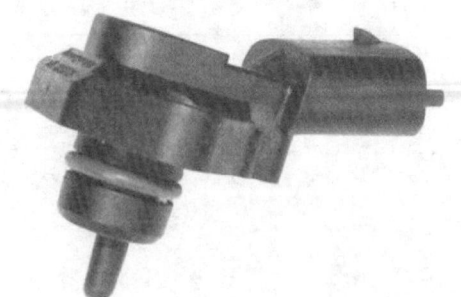

图8-4  进气歧管压力传感器

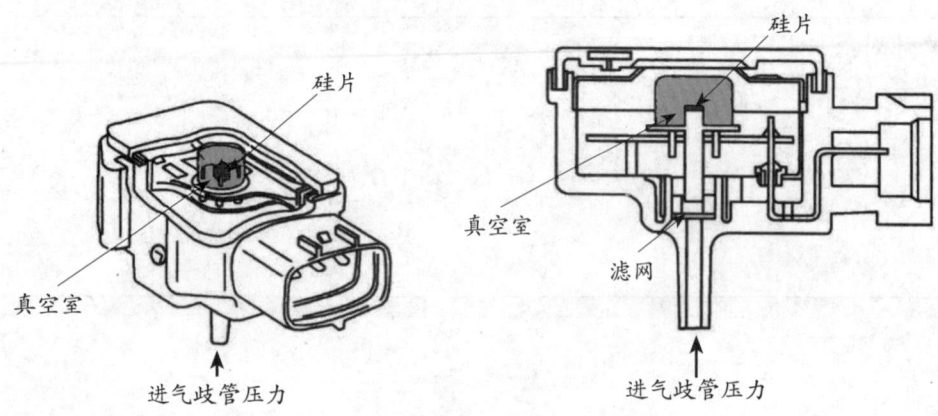

图8-5  进气歧管压力传感器的结构

查询维修手册,画出进气歧管压力传感器的控制电路图。

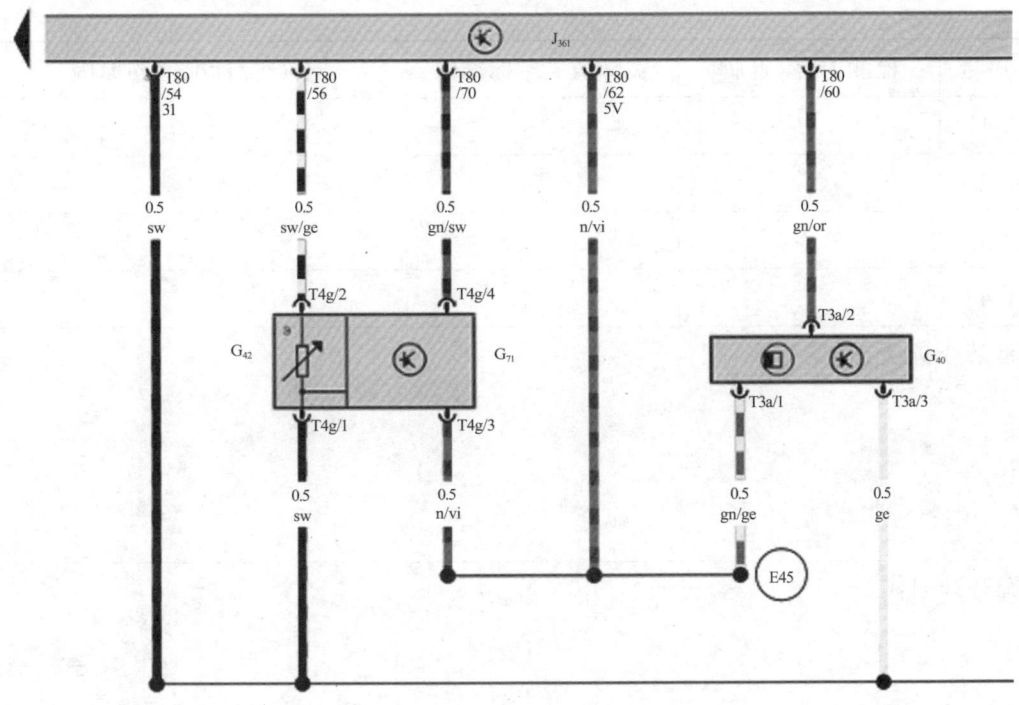

图8-6 进气歧管压力传感器的控制电路图

标明进气歧管压力传感器各针脚的定义,并填入表8-6中。

表8-6

| 针脚 | | 针脚 | |
|---|---|---|---|
| 针脚 | | 针脚 | |
| 针脚 | | 针脚 | |

查询维修手册,确定发动机控制单元检查内容,填写表8-7。

表8-7

| 序号 | 检测内容 | 标准范围 | 注意事项 |
|---|---|---|---|
| 1 | | | |
| 2 | | | |
| 3 | | | |
| 4 | | | |

按照计划内容实施，将测得数据填入表8-8中。

表8-8

| 序号 | 检测内容/针脚 | 实际值 | 标准值 | 不符合标准值的原因 |
|---|---|---|---|---|
| 1 | | | | |
| 2 | | | | |
| 3 | | | | |
| 4 | | | | |

结果分析：

维修计划：

## （二）教学目标
1. 能独立查询维修手册并画出控制电路图。
2. 能使用万用表检测进气歧管压力传感器各针脚的数据。
3. 会判断进气歧管压力传感器的运行状态。
4. 能根据维修手册的要求更换进气歧管压力传感器。

## （三）教学资源
PPT教学课件

多媒体教学设备

帕萨特维修手册5套

帕萨特B5发动机实训台架5台

万用表5台

## （四）教学组织
30人小班化教学，根据设备数量，将学生分为五个小组并选取组长。先由教师讲解进气歧管压力传感器的结构和原理，展示本节课项目内容并讲明注意事项。然后，各小组根据项目内容展开讨论并由组长进行项目分工，分工项目包括：查询维修手册并查找标准数据、画控制电路图、使用万用表检测进气歧管压力传感器各针脚、记录、安全监督等，确保每位学生都有项目。项目完成后，各小组分析检测数据并判断进气歧管压力传感器的运行状态。最后，教师点评各个小组的表现，并带领学生总结排除进气歧管压力传感器故障的流程。

**（五）教学过程**

| 项目教学过程 | | 学生学的活动 | 教师教的活动 |
| --- | --- | --- | --- |
| 阶段一项目引入 | 项目描述 | 听完老师的讲解后，组内讨论进气歧管压力传感器故障与汽车怠速不稳之间的关系 | A. 结合PPT进行本次项目的情景导入：一辆帕萨特轿车因为进气歧管压力传感器故障导致汽车怠速不稳<br>B. 说明本次项目内容：利用万用表对实训台架上的进气歧管压力传感器进行检测<br>C. 说明项目目标：通过将检测数据和标准数据作对比来判断汽车进气歧管压力传感器的运行状态 |
| | 知识准备 | A. 复述进气歧管压力传感器的作用、结构原理，以及万用表和故障诊断仪的使用方法<br>B. 概述维修手册的查询方法 | A. 讲解进气歧管压力传感器的作用、结构原理，以及万用表和故障诊断仪的使用方法<br>B. 概述项目流程：查询维修手册、画控制电路图、需要使用万用表检测的数据、判断进气歧管压力传感器的运行状态 |
| | 项目定位 | A. 讨论并归纳进气歧管压力传感器的检测流程：查询维修手册、画控制电路图、使用万用表检测数据、分析数据<br>B. 组长安排项目分工，组员明确自己的项目内容 | A. 说明检测进气歧管压力传感器的目的在于排除汽车怠速不稳的故障<br>B. 列举需要检测进气歧管压力传感器的数据、使用到的工具和操作注意事项<br>C. 说明检测进气歧管压力传感器的流程<br>D. 监督学生检测进气歧管压力传感器的过程，指导学生操作<br>E. 对学生的操作进行点评 |

续表

| 项目教学过程 | | 学生学的活动 | 教师教的活动 |
|---|---|---|---|
| 阶段二 项目实施 | 步骤1 查询维修手册 | 查询维修手册，找出进气歧管压力传感器的控制电路图以及标准数据 | A.给学生提供维修手册<br>B.检查学生画的控制电路图和查询的数据是否正确 |
| | 步骤2 找出传感器启动车辆 | 找出进气歧管压力传感器的位置，启动实训台架 | 给学生指定实训台架，监督学生操作，保障安全 |
| | 步骤3 检测传感器 | 使用万用表检测进气歧管压力传感器各个针脚的数据，并记录数据 | 提供万用表 |
| | 步骤4 判断传感器的运行状态 | 对比测量数据和标准数据，判断传感器状态 | 组织学生把测量数据与标准数据作对比，引导学生判断传感器的运行状态 |
| | 步骤5 更换传感器 | 根据维修手册的要求，更换进气歧管压力传感器 | 提供工具，监督学生更换进气歧管压力传感器 |
| 阶段三 项目总结 | 展示与总体评价 | A.组长公布小组的检测数据和结论<br>B.组内讨论本小组检测过程<br>C.根据教师点评，小组内总结本次检测过程 | A.安排组长公布小组的数据和检测结论<br>B.对学生的操作进行点评，指出存在的问题<br>C.带领学生分析检测数据 |
| | 学习小结 | 描述进气歧管压力传感器的作用、工作原理以及检测方法 | 带领学生归纳进气歧管压力传感器的作用、工作原理以及检测方法 |

## （六）技能评价

| 序号 | 技　能 | 评判结果 ||
|---|---|---|---|
| | | 是 | 否 |
| 1 | 能独立查询维修手册 | | |
| 2 | 能根据维修手册画出控制电路图并查明标准值 | | |
| 3 | 能够正确使用万用表 | | |
| 4 | 能根据维修手册的要求更换进气歧管压力传感器 | | |

## 二、项目操作单

### 项目操作单

**专业名称** 汽车运用与维修

**课程名称** 汽车发动机电控系统设备构造与维修

**工作项目**：一辆帕萨特B5轿车启动后出现急速不稳以及急加速不良的故障。经检测，初步判断故障点在于进气歧管压力传感器，可能是传感器本身的损坏，也可能是传感器和发动机控制单元之间的线路连接出现问题。

**安全及其他注意事项**：车辆启动时检查汽车挡位设置，确保挡位位于空挡；为确保电气部件正确运行，需要保证蓄电池的电压在11.5V左右。

| 问题情境 | 原因 | 行动 | 备注 |
|---|---|---|---|
| 一、发动机控制单元接收不到进气歧管压力传感器信号 | 传感器信号线虚接或者断路 | 拔下传感器插头，使用万用表欧姆挡测量传感器4号端子与ECU70号端子之间的电阻值，正常情况下阻值应该在1Ω左右，如果阻值过大或者无穷大，说明线路存在虚接或者断路情况，需要检查线路连接 | P-M |
| | 传感器电源线虚接或者断路 | 拔下传感器插头，使用万用表欧姆挡测量传感器3号端子与ECU 62号端子之间的电阻值，正常情况下阻值应该在1Ω左右，如果阻值过大或者无穷大，说明线路存在虚接或者断路情况，需要检查线路连接 | P-M |

续表

| 问题情境 | 原　因 | 行　动 | 备注 |
|---|---|---|---|
| 二、进气歧管压力传感器产生的信号不正常 | 进气歧管压力传感器损坏 | 使用故障诊断仪KT600读取发动机控制系统中进气歧管压力传感器的数据流，汽车在怠速条件下正常值应在330~350mbar，如果不在并且线路连接无故障，说明进气歧管压力传感器损坏，需要更换进气歧管压力传感器 | P-D |

## 三、学生工作页

### 学生工作页

项目名称：　　　　　课时：　　　　　日期：
教师：　　　　　　　班级：　　　　　小组组长：
小组成员：
完成以下操作，并记录操作结果。（时间：　年　月　日　时　分）
（1）查询维修手册，画出实训车型进气歧管压力传感器的控制电路图，并注明针脚定义，填入表8-9中。

表8-9

| 针脚 | | 针脚 | |
|---|---|---|---|
| 针脚 | | 针脚 | |
| 针脚 | | 针脚 | |

（2）查询维修手册，确定实训车型进气歧管压力传感器的检查内容，并填写表8-10。

表8-10

| 序号 | 检测内容 | 标准范围 | 注意事项 |
|---|---|---|---|
| 1 | | | |
| 2 | | | |
| 3 | | | |
| 4 | | | |

（3）按照小组计划内容实施，将测量数据填入表8-11中。

表8-11

| 序号 | 检测内容/针脚 | 标准值 | 实际值 | 不符合标准值的原因 |
|---|---|---|---|---|
| 1 | | | | |
| 2 | | | | |
| 3 | | | | |
| 4 | | | | |

结果分析：

维修计划：

# 任务三　排除帕萨特B5轿车因燃油泵继电器损坏和供电线路故障导致发动机无法启动的问题

## 一、教学设计

### （一）项目描述

燃油泵和一些喷射系统的部件是通过燃油泵继电器供电的，而燃油泵继电器又由发动机控制单元控制。发动机转动时，继电器才会吸合。如果燃油泵继电器或者供电线路出现故障，汽车就无法启动。本项目中要学习燃油泵继电器的结构和工作原理，能够查询维修手册画出燃油泵控制系统电路图，并且能使用万用表检测电路的状态，能根据维修手册的要求排除燃油泵控制线路的故障。

图8-7　燃油泵继电器

查询维修手册，画出燃油泵控制系统的控制电路图，如图8-8，并注明针脚定义，填入表8-12中。

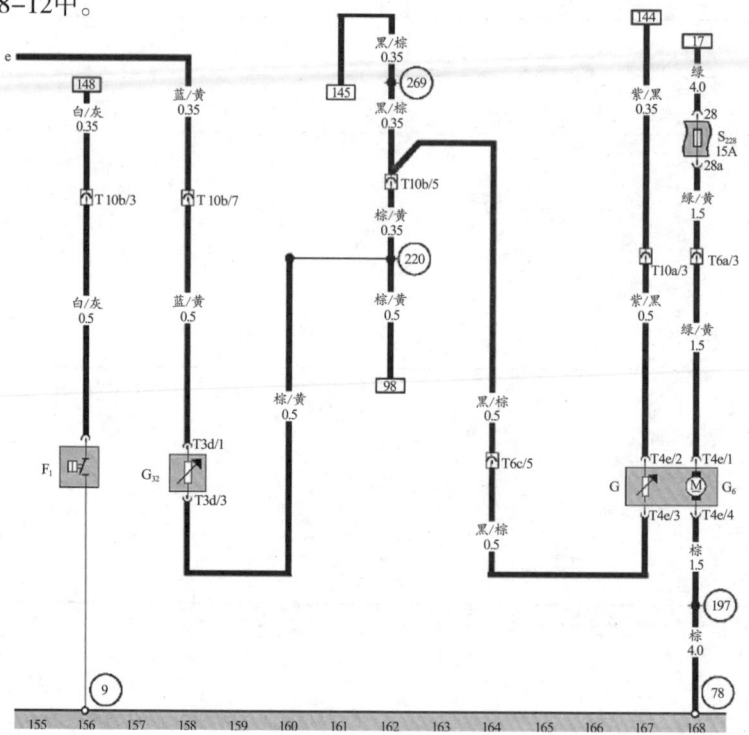

图8-8　燃油泵继电器控制系统的控制电路图

· 80 ·

表8-12

| 针脚 | | 针脚 | |
|---|---|---|---|
| 针脚 | | 针脚 | |
| 针脚 | | 针脚 | |

查询维修手册,确定执行元件测试的检查步骤,并填入表8-13。

表8-13

| 序号 | 检测内容 | 标准范围 | 注意事项 |
|---|---|---|---|
| 1 | | | |
| 2 | | | |
| 3 | | | |
| 4 | | | |

按照计划内容进行实施,将所测得数据填入表8-14中。

表8-14

| 序号 | 检测内容/针脚 | 标准值 | 实际值 | 不符合标准值的原因 |
|---|---|---|---|---|
| 1 | | | | |
| 2 | | | | |
| 3 | | | | |
| 4 | | | | |

结果分析:

**（二）教学目标**

1. 能独立查询维修手册并画出控制电路图。
2. 能使用万用表检测燃油泵和控制电路。
3. 能使用故障诊断仪KT600对燃油泵供给系统进行执行元件测试。
4. 能根据维修手册的要求排除燃油泵控制系统的故障。

**（三）教学资源**

PPT教学课件

多媒体教学设备

帕萨特维修手册5套

帕萨特发动机实训台架5台

万用表5台

故障诊断仪KT600 5台

**（四）教学组织**

　　30人小班化教学，根据设备数量，将学生分为五个小组并选取组长。先由教师讲解燃油泵继电器的结构和原理，展示本节课项目内容并讲明注意事项。然后，各小组根据项目内容展开讨论并由组长进行项目分工，分工项目包括：查询维修手册并查找标准数据、画控制电路图、使用万用表检测燃油泵继电器各针脚、记录、安全监督等，确保每位学生都有项目。项目完成后，各小组分析检测数据并判断燃油泵继电器的运行状态。最后，教师点评各个小组的表现，并带领学生总结燃油泵继电器及控制线路的检测方法。

**（五）教学过程**

| 项目教学过程 | | 学生学的活动 | 教师教的活动 |
| --- | --- | --- | --- |
| 阶段一<br>项目引入 | 项目描述 | 听完老师的讲解后，组内讨论燃油泵继电器及其线路损坏会导致哪些故障 | A. 结合PPT进行本次项目的情景导入：一辆帕萨特轿车因为燃油泵继电器及其线路故障导致发动机无法启动<br>B. 说明本次项目内容：使用故障诊断仪KT600对燃油泵供给系统进行执行元件测试，利用万用表对燃油泵继电器以及燃油泵控制线路进行检测<br>C. 说明项目目标：通过对执行元件进行测试来判断零部件的工作状态，通过使用万用表排除燃油泵继电器的供电线路故障 |

续表

| 项目教学过程 | | 学生学的活动 | 教师教的活动 |
|---|---|---|---|
| | 知识准备 | A. 概述继电器的作用、结构、工作原理<br>B. 概述维修手册的查询方法 | A. 讲解继电器的作用、结构、工作原理<br>B. 概述项目流程：查询维修手册，画控制电路图，使用故障诊断仪KT600对零件进行执行元件测试，使用万用表检测燃油泵的控制线路 |
| | 项目定位 | A. 讨论并归纳检测流程：查询维修手册、画控制电路图、使用故障诊断仪KT600进行执行元件测试，使用万用表检测数据、分析数据<br>B. 组长安排项目分工，组员明确自己的项目内容 | A. 说明检测燃油泵继电器及其控制线路的目的在于排除汽车因燃油供给问题导致汽车无法启动的故障<br>B. 列举需要检测的数据、使用到的工具和操作注意事项<br>C. 说明检测燃油泵继电器以及线路的流程<br>D. 监督学生检测过程，指导学生操作<br>E. 对学生的操作进行点评 |
| 阶段二<br>项目实施 | 步骤1<br>查询维修手册 | 查询维修手册，找出燃油泵的控制电路图以及标明标准数据 | A. 给学生提供维修手册<br>B. 检查学生画的控制电路图和查询的数据是否正确 |
| | 步骤2<br>执行元件测试 | 把故障诊断仪KT600与实训台架的发动机控制单元通过数据线连接在一起，根据实训台架选择车型，进入执行元件测试界面，根据维修手册的要求进行执行元件测试，填写学生工作页 | A. 给学生指定实训台架，提供故障诊断仪KT600<br>B. 监督学生操作 |
| | 步骤3<br>检测继电器及燃油泵控制线路 | 使用万用表检测燃油泵继电器以及控制线路，填写学生工作页 | 组织学生把测量数据与标准数据作对比，引导学生判断燃油泵继电器以及线路的运行状态 |

续表

| 项目教学过程 | | 学生学的活动 | 教师教的活动 |
|---|---|---|---|
| 阶段三 项目总结 | 展示与总体评价 | A. 组长公布小组的检测数据和结论<br>B. 组内讨论小组检测过程<br>C. 根据教师点评,小组内总结本次检测过程 | A. 安排组长公布小组的数据和检测结论<br>B. 对学生的操作进行点评,指出存在的问题<br>C. 带领学生分析检测数据 |
| | 学习小结 | A. 描述燃油泵继电器的作用、工作原理以及检测方法<br>B. 简述使用故障诊断仪KT600进行执行元件测试的方法 | 带领学生归纳燃油泵继电器的作用、工作原理以及检测方法 |

（六）技能评价

| 序号 | 技能 | 评判结果 | |
|---|---|---|---|
| | | 是 | 否 |
| 1 | 能独立查询维修手册 | | |
| 2 | 能根据维修手册画出控制电路图并查明标准值 | | |
| 3 | 能够正确使用万用表 | | |
| 4 | 能排除燃油泵控制系统的线路故障 | | |
| 5 | 能使用故障诊断仪KT600进行执行元件测试 | | |

## 二、项目操作单

**项目操作单**

**专业名称** 汽车运用与维修
**课程名称** 汽车发动机电控系统设备构造与维修

**工作项目**：一辆帕萨特B5轿车无法启动，经检测，初步判断故障在于燃油泵不工作，可能是燃油泵电机损坏，也有可能是燃油泵继电器不工作，也可能是线路出现故障。

项目八　燃油供给系统的检查与修理

续　表

**安全及其他注意事项**：导致燃油泵继电器损坏和供电线路故障的原因有好几个，针对不同的原因要采取不同的检测方法，检测过程要符合维修手册的规范，检查汽油泵时注意防火。

| 问题情境 | 原因 | 行动 | 备注 |
| --- | --- | --- | --- |
| 一、燃油泵继电器不工作 | 燃油泵继电器损坏 | A. 拔下燃油泵继电器J17，使用导线把蓄电池正负极接到继电器的19/15以及16/S上，正常情况下应该能提到线圈吸合的"咯嗒"声，如果听不到说明继电器损坏，更换新的燃油泵继电器 | P-M |
| | | B. 如果接上正负极后线圈吸合，使用万用表的蜂鸣挡连接继电器的17/30和23/87F，正常情况下蜂鸣器会发出声响，如果不响则更换燃油泵继电器 | P-M |
| | 燃油泵电机损坏 | 关闭点火开关，把燃油泵总成上的触点23a使用导线与蓄电池正极相连，如果燃油泵电机不运转，说明电机损坏，更换燃油泵总成 | P-D |
| | 燃油泵保险丝损坏 | 拔下保险丝228，使用万用表的欧姆挡检查保险丝的阻值，如果检查出一定阻值，说明正常；如果保险丝的阻值是无穷大，说明保险丝断路，更换保险丝 | P-M |
| 二、线路连接出故障 | 燃油泵继电器的线圈接线有故障 | 使用万用表的欧姆挡分别检查燃油泵继电器J17的触点19/15，16/S与电池负极、ECUT121/65之间的阻值，如果电阻远大于1.5Ω，说明线路存在断路或者虚接的情况，需要检查线路连接 | P-D |
| | 燃油泵电机线路断路 | 使用万用表的欧姆挡检查燃油泵总成T4BH/1与保险丝228的触点28a之间以及T4BH/4与搭铁之间的线路阻值，如果阻值远大于1.5Ω，说明线路存在故障，需要检查线路连接 | P-D |

## 三、学生工作页

### 学生工作页

**项目名称：**

完成以下操作，并记录操作结果。

（1）查询维修手册，画出实训车型燃油泵继电器的控制电路图，并注明针脚定义，填入表8-15中。

表8-15

| 针脚 | | 针脚 | |
|---|---|---|---|
| 针脚 | | 针脚 | |
| 针脚 | | 针脚 | |

（2）查询维修手册，确定实训车型燃油泵继电器的检查内容，并填写表8-16。

表8-16

| 序号 | 检测内容 | 标准范围 | 注意事项 |
|---|---|---|---|
| 1 | | | |
| 2 | | | |
| 3 | | | |
| 4 | | | |

（3）按照小组计划内容实施，将测量数据填入表8-17。

表8-17

| 序号 | 检测内容/针脚 | 标准值 | 实际值 | 不符合标准值的原因 |
|---|---|---|---|---|
| 1 | | | | |
| 2 | | | | |
| 3 | | | | |
| 4 | | | | |

结果分析：

维修计划：

## 任务四　排除帕萨特B5轿车因一个喷油嘴不喷油导致发动机运行抖动的故障

### 一、教学设计

#### （一）项目描述

采用进气道喷射技术的发动机管理系统喷油器一般都安装在进气歧管上。发动机控制单元控制喷油器，使其按照一定的顺序开启。当控制单元接通喷油器负极时，喷油器电磁线圈通电，喷油器喷油；当电磁线圈断电时，喷油器关闭，停止喷油。本项目中要学习喷油器的结构和工作原理，能够查询维修手册画出喷油器的控制电路图，能使用万用表检测喷油器的工作状态，并且能使用故障诊断仪KT600对喷油器进行执行元件测试。

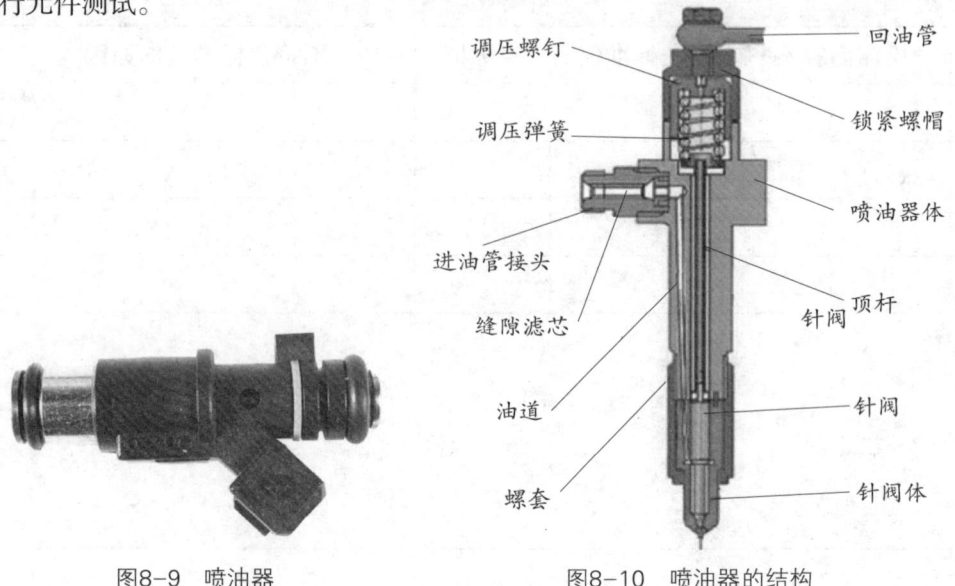

图8-9 喷油器　　　　　　图8-10 喷油器的结构

查询维修手册，画出喷油器的控制电路图，并标明针脚定义，填入表8-18中。

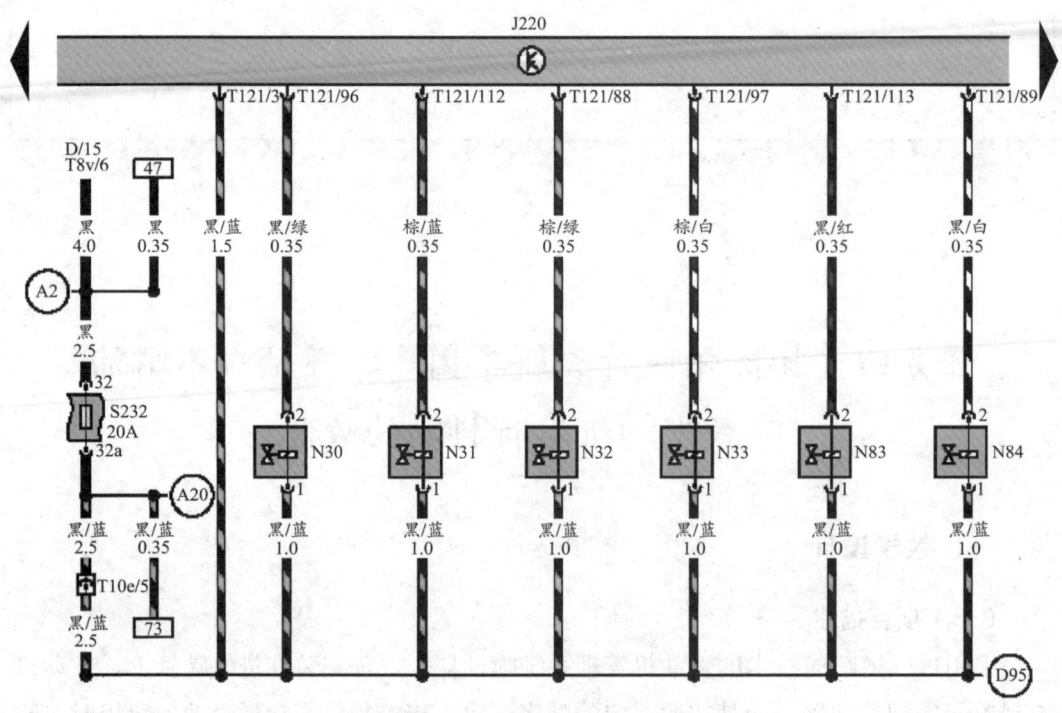

图8-11 喷油器控制电路图

表8-18

| 针脚1 | |
|---|---|
| 针脚2 | |

查询维修手册,确定实训车型喷油器的检查内容,填写表8-19。

表8-19

| 序号 | 检测内容 | 标准范围 | 注意事项 |
|---|---|---|---|
| 1 | | | |
| 2 | | | |
| 3 | | | |
| 4 | | | |

喷油器电阻:

按照计划内容进行实施,将所测得数据填入表8-20中。

表8-20

| 序号 | 检查项目 | 检查情况 |
|---|---|---|
| 1 | 元件测试是否有动作 | |
| 2 | 喷油器供电情况 | |
| 3 | 喷油器电阻 | |
| 4 | 喷油器导线连接情况 | |

结果分析:

维修计划:

## （二）教学目标

1. 能独立查询维修手册并画出控制电路图。
2. 能使用万用表检测喷油器。
3. 能使用故障诊断仪KT600对喷油器进行执行元件测试。

## （三）教学资源

PPT教学课件

多媒体教学设备

帕萨特维修手册5套

帕萨特发动机实训台架5台

万用表5台

故障诊断仪KT600 5台

## （四）教学组织

30人小班化教学，根据设备数量，将学生分为五个小组并选取组长。先由教师讲解喷油器的结构和原理，展示本节课项目内容并讲明注意事项。然后，各小组根据项目内容展开讨论并由组长进行项目分工，分工项目包括：查询维修手册并查找标准数据、画控制电路图、使用万用表检测喷油器各针脚、记录、安全监督等，确保每位学生都有项目。项目完成后，各小组分析检测数据并判断喷油器的运行状态。最后，教师点评各个小组的表现，并带领学生总结喷油器的检测方法。

## （五）教学过程

| 项目教学过程 | | 学生学的活动 | 教师教的活动 |
| --- | --- | --- | --- |
| 阶段一 项目引入 | 项目描述 | 听完老师的讲解后，组内讨论喷油器损坏会导致的故障 | A. 结合PPT进行本次项目的情景导入：一辆帕萨特轿车因为喷油器故障而无法启动<br>B. 说明本次项目内容：使用故障诊断仪KT600进行执行元件测试，利用万用表对喷油器进行检测<br>C. 说明项目目标：通过进行执行元件测试来判断零部件的工作状态，通过使用万用表检测喷油器的工作情况 |

续表

| 项目教学过程 | | 学生学的活动 | 教师教的活动 |
|---|---|---|---|
| | 知识准备 | A. 概述喷油器的结构、工作原理<br>B. 概述维修手册的查询方法 | A. 讲解喷油器结构、工作原理<br>B. 概述项目流程：查询维修手册，画控制电路图，使用故障诊断仪KT600对零件进行执行元件测试，使用万用表检测喷油器 |
| | 项目定位 | A. 讨论并归纳检测流程：查询维修手册、画控制电路图、使用故障诊断仪KT600进行执行元件测试、使用万用表测数据、分析数据<br>B. 组长安排项目分工，组员明确自己的项目内容 | A. 说明检测喷油器的目的在于排除汽车因喷油器不工作而无法启动的故障<br>B. 列举需要检测的数据、使用到的工具和操作注意事项<br>C. 说明检测喷油器的工作流程<br>D. 监督学生检测过程，指导学生操作<br>E. 对学生的操作进行点评 |
| 阶段二<br>项目实施 | 步骤1<br>查询维修手册 | 查询维修手册，找出喷油器的控制电路图以及标准数据 | A. 给学生提供维修手册<br>B. 检查学生画的控制电路图和查询的数据是否正确 |
| | 步骤2<br>执行元件测试 | 把故障诊断仪KT600与实训台架的发动机控制单元通过数据线连接在一起，根据实训台架选择车型，进入执行元件测试界面，根据维修手册的要求进行执行元件测试，填写学生工作页 | A. 给学生指定实训台架，提供故障诊断仪KT600<br>B. 监督学生操作 |
| | 步骤3<br>检测喷油器线路 | 使用万用表检测喷油器以及供电线路，填写学生工作页 | A. 提供万用表<br>B. 监督学生操作 |

续 表

| 项目教学过程 | | 学生学的活动 | 教师教的活动 |
|---|---|---|---|
| 阶段三 项目总结 | 展示与总体评价 | A. 组长公布小组的检测数据和结论<br>B. 组内讨论本小组检测过程<br>C. 根据教师点评，小组内总结本次检测过程 | A. 安排组长公布小组的数据和检测结论<br>B. 对学生的操作进行点评，指出存在的问题<br>C. 带领学生分析检测数据 |
| | 学习小结 | A. 描述喷油器的作用、工作原理以及检测方法<br>B. 简述使用故障诊断仪KT600进行执行元件测试的方法 | A. 带领学生归纳喷油器的作用、工作原理以及检测方法 |

（六）技能评价

| 序号 | 技　能 | 评判结果 | |
|---|---|---|---|
| | | 是 | 否 |
| 1 | 能独立查询维修手册 | | |
| 2 | 能根据维修手册画出控制电路图并查明标准值 | | |
| 3 | 能够正确使用万用表 | | |
| 4 | 能排除喷油器供电线路故障 | | |
| 5 | 能使用故障诊断仪KT600进行执行元件测试 | | |

## 二、项目操作单

| 项目操作单 ||||
|---|---|---|---|
| **专业名称** 汽车运用与维修 <br> **课程名称** 汽车发动机电控系统设备构造与维修 ||||
| **工作项目**：一辆帕萨特B5轿车启动后发动机运行抖动。经检测，初步判断故障原因是某一喷油嘴没有工作造成了缺缸，可能是喷油嘴本身损坏，也可能是喷油嘴与发动机控制单元之间的线路断路。 ||||
| **安全及其他注意事项**：导致喷油嘴不工作的原因有好几个，针对不同的原因要采取不同的检测方法，检测过程要符合维修手册的规范，启动车辆前需要检查挡位设置以及手刹。 ||||
| 问题情境 | 原因 | 行动 | 备注 |
| 一、喷油嘴不工作 | 喷油嘴线圈损坏 | A. 启动汽车并让车辆挂空挡怠速运转，打开引擎盖，拿出发光二极管，一端搭铁，另一端接到喷油嘴的线路上，二极管不亮说明被测喷油嘴不工作 | P-M |
| | | B. 让车辆熄火，拔下喷油嘴上的接头，使用万用表的欧姆挡检查触点1，2之间的阻值，正常值是12～15Ω，如果测量值不在上述范围内，说明喷油嘴损坏，则更换喷油嘴 | P-M |
| | 喷油嘴密封性下降 | 车辆熄火，关闭车辆怠速开关，拔下燃油压力调节器真空管，将燃油分配管连同喷嘴从进气歧管上拆下并支撑好，使用故障诊断仪KT600进行执行元件测试，依次打开喷油嘴，目视检查喷油嘴密封性，正常情况下允许每个喷嘴滴出1～2滴，如果超出，则更换喷油嘴 | P-D |

续表

| 问题情境 | 原因 | 行动 | 备注 |
|---|---|---|---|
| 二、喷油嘴的连接出现问题 | 喷油嘴与发动机控制单元之间的线路连接出现故障 | 使用万用表的欧姆挡，分别检查1～4缸喷油嘴上的2号触点与发动机控制单元上触点T121/96，T121/112，T121/88，T121/97之间的阻值，如果远大于1.5Ω，说明线路间存在断路或者虚接情况，则需检查线路连接 | P-M |
| | 喷油嘴与蓄电池正极之间的线路连接存在故障 | 打开点火开关，使用万用表的直流电压挡检查1～4缸喷油嘴的1号触点与蓄电池正极之间的电压，标准值是12V左右，如果远低于12V，证明存在断路或者虚接情况，需要检查线路连接 | P-M |

### 三、学生工作页

**学生工作页**

**项目名称：**

完成以下操作，并记录操作结果。

（1）查询维修手册，画出实训车型喷油器的控制电路图，并注明针脚定义，填写表8-21。

表8-21

| 针脚1 | | 针脚2 | |
|---|---|---|---|

（2）查询维修手册，确定实训车型喷油器的检查内容，并填写表8-22。

表8-22

| 序号 | 检测内容 | 标准范围 | 注意事项 |
| --- | --- | --- | --- |
| 1 |  |  |  |
| 2 |  |  |  |
| 3 |  |  |  |
| 4 |  |  |  |

喷油嘴电阻：

（3）按照小组计划内容实施，将测量数据填入表8-23。

表8-23

| 序号 | 检查项目 | 检查情况 |
| --- | --- | --- |
| 1 | 元件测试是否有动作 |  |
| 2 | 喷油器供电情况 |  |
| 3 | 喷油器电阻 |  |
| 4 | 喷油器导线连接情况 |  |

结果分析：

# 项目九　氧传感器的检查与修理

## 任务　排除帕萨特B5轿车因氧传感器故障而冒黑烟的问题

### 一、教学设计

#### （一）项目描述

氧传感器可以检测尾气中氧的浓度，并将信息反馈给控制单元，调整喷油量，从而实现发动机的闭环控制，改善发动机的燃烧，减少有害气体的排放。为了能使氧传感器在汽车启动后快速达到工作温度，其中设置了加热器。本项目中要学习氧传感器的结构和原理，能查询维修手册，画出氧传感器的控制电路图，使用万用表对氧传感器进行检测，并使用故障诊断仪读取数据流。

图9-1　氧传感器

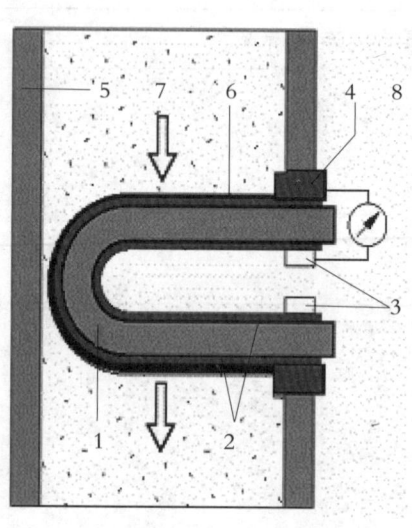

1. 二氧化锆陶瓷体
2. 铂层
3. 内连接头
4. 外链接头
5. 排气管
6. 多孔陶瓷
7. 排气
8. 空气

图9-2　氧传感器的结构

查询维修手册,画出氧传感器的控制电路图,如图9-3所示,并标明各针脚的含义,填写表9-1。

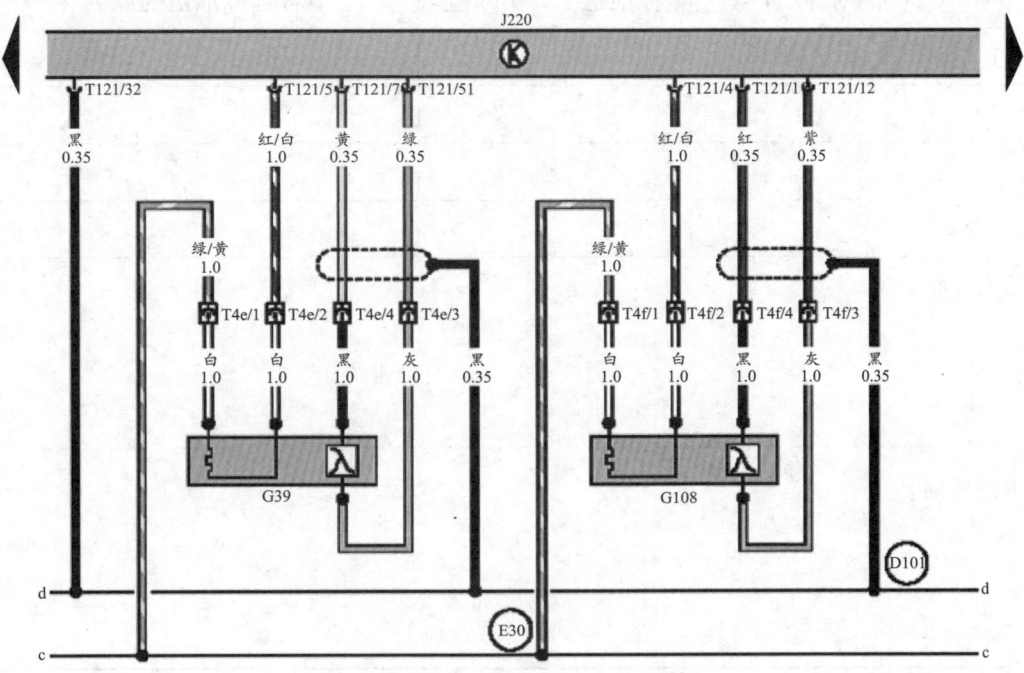

图9-3 氧传感器的控制电路图

表9-1

| 针脚 | | 针脚 | |
|---|---|---|---|
| 针脚 | | 针脚 | |

查询维修手册,确定氧传感器的检查内容,填写表9-2。

表9-2

| 序号 | 检测内容 | 标准范围 | 注意事项 |
|---|---|---|---|
| 1 | | | |
| 2 | | | |
| 3 | | | |
| 4 | | | |

按照计划实施时,将测量数据填入表9-3中。

表9-3

| 序号 | 检测内容/针脚 | 标准值 | 实际值 | 不符合标准值的原因 |
|---|---|---|---|---|
| 1 | | | | |
| 2 | | | | |
| 3 | | | | |
| 4 | | | | |

结果分析：

维修计划：

### （二）教学目标

1. 能独立查询维修手册并画出控制电路图。
2. 能使用万用表检测氧传感器。
3. 会判断氧传感器的运行状态。
4. 能根据维修手册的要求更换氧传感器。

### （三）教学资源

PPT教学课件

多媒体教学设备

帕萨特维修手册5套

帕萨特发动机实训台架5台

万用表5台

### （四）教学组织

30人小班化教学，根据设备数量，将学生分为五个小组并选取组长。先由教师讲解氧传感器的结构和原理，展示本节课项目内容并讲明注意事项。然后，各小组根据项目内容展开讨论并由组长进行项目分工，分工项目包括：查询维修手册并查找标准数据、画控制电路图、使用万用表检测氧传感器、记录、安全监督等，确保每位学生都有项目。项目完成后,各小组分析检测数据并判断氧传感器的运行状态。最后,教师点评各个小组的表现,并带领学生总结氧传感器的检测方法。

(五)教学过程

| 项目教学过程 | | 学生学的活动 | 教师教的活动 |
| --- | --- | --- | --- |
| 阶段一 项目引入 | 项目描述 | 听老师讲解,描述汽车冒黑烟与氧传感器损坏之间的关系 | A. 通过PPT进行本次项目的情景导入:一辆帕萨特轿车因氧传感器损块出现冒黑烟的现象,分析汽车冒黑烟与氧传感器损坏之间的关系<br>B. 说明本次项目内容:使用万用表对实训台架上的氧传感器进行检测<br>C. 说明项目目标:通过将检测数据和标准数据作对比来判断汽车氧传感器的工作状态 |
| | 知识准备 | A. 复述氧传感器的作用、结构和原理<br>B. 说出万用表的使用方法<br>C. 概述发动机控制单元是如何实现闭环控制的 | A. 讲解氧传感器的作用、结构和原理<br>B. 展示氧传感器的形状和安装位置<br>C. 说明万用表的使用方法 |
| | 项目定位 | A. 讨论并归纳氧传感器的检测流程:查询维修手册、画控制电路图、使用万用表测数据、分析数据、更换氧传感器<br>B. 组长安排项目分工,组员明确自己的项目内容 | A. 说明检测氧传感器的目的在于排除汽车冒黑烟的故障<br>B. 列举需要检测的数据、使用到的工具和操作注意事项<br>C. 说明检测氧传感器的流程<br>D. 监督学生检测和更换氧传感器的过程,指导学生操作<br>E. 对学生的操作进行点评 |
| 阶段二 项目实施 | 步骤1 查询维修手册 | 查询维修手册,找出氧传感器部分的控制电路图以及标准数据 | 提供维修手册 |

续表

| 项目教学过程 | | 学生学的活动 | 教师教的活动 |
|---|---|---|---|
| | 步骤2<br>检测各引脚数据 | 使用万用表检测氧传感器的各个引脚相应的电阻和电压,填写项目单 | 提供实训台架和万用表,并说明万用表使用方法和注意事项 |
| | 步骤3<br>对比数据 | 把测量数据与标准数据作对比,判断氧传感器的运行状态 | 讲解如何通过测量数据判断氧传感器的运行状态 |
| | 步骤4<br>更换并整理 | 按照维修手册的要求更换氧传感器,并收拾整理工具 | 监督学生更换氧传感器,清点设备和工具 |
| 阶段三<br>项目总结 | 展示与总体评价 | A. 组长公布小组的检测数据和结论<br>B. 组内讨论小组检测过程<br>C. 根据教师点评,小组内总结本次检测过程 | A. 安排组长公布小组的数据和检测结论<br>B. 带领学生分析检测数据<br>C. 对学生的操作和结果进行点评,指出存在的问题 |
| | 学习小结 | A描述氧传感器的作用、工作原理以及更换方法 | 带领学生归纳氧传感器的作用、工作原理以及更换时的注意事项 |

## (六)技能评价

| 序号 | 技能 | 评判结果 | |
|---|---|---|---|
| | | 是 | 否 |
| 1 | 能快速准确地查询维修手册 | | |
| 2 | 能正确画出氧传感器的控制电路图 | | |
| 3 | 能规范使用万用表 | | |
| 4 | 能按照维修手册的要求更换氧传感器 | | |

## 二、项目操作单

### 项目操作单

**专业名称** 汽车运用与维修
**课程名称** 汽车发动机电控系统设备构造与维修

**工作项目**：一辆帕萨特B5轿车启动后排气管一直冒黑烟。经检测，初步判断故障点在于三元催化器前面的氧传感器，可能是传感器内加热器出现断路，也可能是传感器供电电压出现问题，也可能是氧传感器和发动机控制单元之间的线路连接出现问题。

**安全及其他注意事项**：导致氧传感器故障的原因有好几个，针对不同的原因要采取不同的检测方法，检测过程要符合维修手册的规范；在检查氧传感器之前要确保电瓶电压达到11.5V，34号保险丝正常。

| 问题情境 | 原因 | 行动 | 备注 |
|---|---|---|---|
| 一、氧传感器没有产生信号 | 氧传感器内加热器出现断路 | 拔下氧传感器五针插头，使用万用表欧姆挡测量触点1与2之间的电阻，正常情况下阻值在1～10Ω，并且随着室温的上升电阻明显增大，如果不达到标准则更换氧传感器 | P-M |
|  | 氧传感器供电电压出现故障 | 打开点火开关，拔下氧传感器通向ECU的插头，使用万用表的电压挡位，表笔分别接到插头3号脚与搭铁之间，启动发动机，并怠速运转，此时电压正常值应该是11.5～14.5V，如果不符合，检查触点3与油泵继电器J17触点87之间的线路连接 | P-D |
| 二、发动机控制单元接收不到氧传感器的信号 | 氧传感器信号线断路 | 检查氧传感器3号线、4号线与发动机控制单元接点T121/70，T121/51之间的电阻，如果远大于1.5Ω，说明断路，需要检查信号线路连接状况 | P-D |
|  | 信号被干扰 | 检查氧传感器5号线与车身搭铁之间的电阻，如果远大于1.5Ω，说明屏蔽线损坏，需要更换传感器 | P-D |

### 三、学生工作页

**学生工作页**

**项目名称：**

完成以下操作，并记录操作结果。

（1）查询维修手册，画出实训车型氧传感器的控制电路图，并注明针脚定义，填入表9-4中。

表9-4

| 针脚 | | 针脚 | |
|---|---|---|---|
| 针脚 | | 针脚 | |
| 针脚 | | 针脚 | |

（2）查询维修手册，确定实训车型氧传感器的检查内容，并填入表9-5中。

表9-5

| 序号 | 检测内容 | 标准范围 | 注意事项 |
|---|---|---|---|
| 1 | | | |
| 2 | | | |
| 3 | | | |
| 4 | | | |

（3）按照小组计划内容实施，将测量数据填入表9-6中。

表9-6

| 序号 | 检测内容/针脚 | 标准值 | 实际值 | 不符合标准值的原因 |
|---|---|---|---|---|
| 1 | | | | |
| 2 | | | | |
| 3 | | | | |
| 4 | | | | |

结果分析：

维修计划：

# 项目十  涡轮增压系统的检查与修理

● 项目描述 ●

涡轮增压发动机是依靠涡轮增压系统来加大发动机进气量的一种发动机。涡轮增压系统实际上就是一个空气压缩系统，它是利用发动机排出的废气作为动力来增加进气系统的进气量。本项目中要学习涡轮增压系统的组成和工作原理，查询维修手册画出元件的控制电路图，使用工具检测增压空气再循环阀。

## 任务一  掌握帕萨特B5轿车上涡轮增压系统各个零部件的位置和名称

### 一、教学设计

#### （一）项目描述

涡轮增压系统由涡轮增压器、中冷器、增压压力限制电磁阀等零部件构成，系统结构比较复杂，零件众多。本项目中要学习涡轮增压系统的组成和工作原理，能在实训台架上找出各个零部件的位置，使用故障诊断仪KT600读取涡轮增压系统的故障代码。

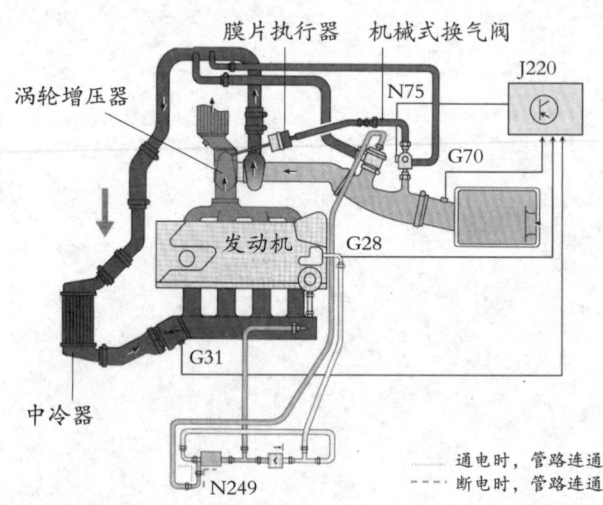

图10-1  涡轮增压系统的组成

使用故障诊断仪KT600读取涡轮增压系统的故障代码，填写表10-1。

表10-1

| 故障代码编号 | 内　容 | 类　别 | 能否清除 |
| --- | --- | --- | --- |
|  |  |  |  |
|  |  |  |  |
|  |  |  |  |
|  |  |  |  |

在实训台架上指出涡轮增压系统零件的位置并填写表10-2。

表10-2

| 零件名称 | 位置 | 作用 |
| --- | --- | --- |
| 空气再循环电磁阀 |  |  |
| 增压限制电磁阀 |  |  |
| 机械式空气再循环阀 |  |  |
| 发动机控制单元 |  |  |
| 中冷器 |  |  |
| 涡轮增压器 |  |  |

**（二）教学目标**

1. 能概述涡轮增压系统的组成和工作原理。
2. 能使用故障诊断仪KT600读取涡轮增压系统的故障代码。
3. 能找出涡轮增压系统各个零件的位置。

**（三）教学资源**

PPT教学课件

多媒体教学设备

帕萨特维修手册5套

帕萨特发动机实训台架5台

故障诊断仪KT600 5台

**（四）教学组织**

30人小班化教学，根据设备数量，将学生分为五个小组并选取组长。先由教师讲解涡轮增压系统的组成和原理,展示本节课项目内容并讲明注意事项。然后,各小组根据项目内容展开讨论并由组长进行项目分工,分工项目包括:查询维修手册、连接故障诊断仪并读取数据流、记录、安全监督等,确保每位学生都有项目。最后,教师点评各个小组的表现,并带领学生总结涡轮增压系统的工作原理。

### (五)教学过程

| 项目教学过程 | | 学生学的活动 | 教师教的活动 |
|---|---|---|---|
| 阶段一 项目引入 | 项目描述 | 听老师讲课,总结涡轮增压系统的优势 | A. 通过PPT介绍涡轮增压系统的优势<br>B. 说明本次项目内容:找出实训台架上涡轮增压系统零件的位置,使用故障诊断仪KT600读取涡轮增压系统的故障代码<br>C. 说明项目目标:掌握涡轮增压系统的工作原理和组成 |
| | 知识准备 | A. 复述涡轮增压系统的组成和工作原理<br>B. 组内讨论并归纳涡轮增压发动机相对于自然吸气发动机的优势所在<br>C. 概述故障诊断仪的使用方法 | A. 讲解涡轮增压系统的组成和工作原理<br>B. 带领学生回顾自然吸气发动机的相关知识<br>C. 说明万用表和故障诊断仪KT600的使用方法 |
| | 项目定位 | A. 讨论并归纳涡轮增压系统的优点<br>B. 组长安排项目分工,组员明确自己的项目内容 | A. 说明学习涡轮增压系统的目的在于掌握涡轮增压系统的工作原理,便于排除系统中的故障<br>B. 监督学生读取故障代码的操作<br>C. 对学生的操作进行点评 |
| 阶段二 项目实施 | 步骤1 查询维修手册 | 查询维修手册,找出涡轮增压系统部分的组成 | 提供维修手册 |

续表

| 项目教学过程 | | 学生学的活动 | 教师教的活动 |
|---|---|---|---|
| | 步骤2<br>寻找零件位置 | 在实训台架上找出涡轮增压系统各个零件的位置 | 给各小组制定实训台架 |
| | 步骤3<br>读取故障代码 | 启动发动机台架，连接故障诊断仪KT600，读取故障代码 | 提供故障诊断仪KT600，监督学生操作 |
| | 步骤4<br>更换并整理 | 收拾整理工具 | 清点设备和工具 |
| 阶段三<br>项目总结 | 展示与总体评价 | A. 组长公布小组的检测数据和结论<br>B. 组内讨论小组操作过程<br>C. 根据教师点评，小组内总结本次操作过程 | A. 安排组长公布小组的数据和结论<br>B. 对学生的操作和结果进行点评，指出存在的问题 |
| | 学习小结 | 描述涡轮增压系统的组成、工作原理 | 带领学生归纳涡轮这一系统的组成、工作原理 |

（六）技能评价

| 序号 | 技能 | 评判结果 | |
|---|---|---|---|
| | | 是 | 否 |
| 1 | 能快速准确地查询维修手册 | | |
| 2 | 能找出涡轮增压系统零件的位置 | | |
| 3 | 能正确使用故障诊断仪KT600 | | |

## 二、项目操作单

### 项目操作单

**专业名称** 汽车运用与维修
**课程名称** 汽车发动机电控系统设备构造与维修

**工作项目：** 掌握帕萨特发动机涡轮增压系统各个元件的名称以及位置。

**安全及其他注意事项：** 操作员在进入车辆之前需要对车辆进行防护；启动汽车之前需要检查车辆的挡位是否设置在空挡以及手刹是否拉起，保证实训安全；寻找元件过程中严禁启动车辆。

| 步骤 | 操作方法与说明 | 质量 | 备注 |
|---|---|---|---|
| 一、对车辆进行防护 | A. 钥匙打开车门，在驾驶员侧放置三件套：方向盘套、脚垫、座椅套<br>B. 引擎盖并支撑牢固，在发动机舱前面放置翼子板布<br>C. 车前轮胎和后轮胎放置防滑块 | 三件套以及翼子板布放置牢固，防护部分无裸露；防滑块位置正确，并紧贴轮胎，无滑动 | P-E<br>P-E<br>P-E |

续表

| 步　骤 | 操作方法与说明 | 质　量 | 备注 |
|---|---|---|---|
| 二、检查涡轮增压系统部分零件安装 | A．车辆内部，检查挡位设置和手刹，设置挡位为空挡，拉起手刹<br>B．故障诊断仪KT600读取涡轮增压系统的故障代码<br>C．发动机舱前面开始依次找出空气再循环电磁阀、增压限制电磁阀、机械式空气再循环阀、发动机控制单元（ECU）的位置 | 车辆不溜车，寻找零件位置准确，记录完整，未对零件造成损伤 | P-E<br>P-M<br>P-M |
| 三、举升车辆 | A．举升机的下摆臂伸入到汽车底部，下摆臂上的托盘凹槽与车底部的"大筋"重合<br>B．举升车辆，当轮胎刚离地时停止，前后按动车辆，保证车辆无掉落<br>C．把车辆举升到合适高度，保证操作人员能顺利进入车辆底部，下落车辆，让举升机锁止 | 车辆安全举升，停放牢靠，并锁止 | P-E<br>P-E<br>P-E |

续表

| 步　骤 | 操作方法与说明 | 质　量 | 备注 |
|---|---|---|---|
| 四、检查涡轮增压系统的部分零件并放下车辆 | A. 汽车下面，检查中冷器、涡轮增压器并记录<br>B. 拉动举升机两边的拉环，先让车辆上升一点，然后降下举升机 | 零件安装状态检查正确，记录填写完整，车辆下落安全，停放稳当 | P-M<br>P-E |
| 五、整理工作现场 | A. 故障诊断仪KT600退出诊断系统，关机，拔下连接线，收入工具盒内<br>B. 关闭车辆的点火钥匙，撤掉翼子板布、三件套和防滑块，关闭车门<br>C. 清洁工位 | 工具摆放整齐，工作现场清洁无垃圾 | P-E<br>P-E<br>P-E |

## 三、学生工作页

**学生工作页**

**项目名称：**

完成以下操作，并记录操作结果。

（1）使用故障诊断仪KT600读取涡轮增压系统的故障代码，填写表10-3。

表10-3

| 故障代码编号 | 内　容 | 类　别 | 能否清除 |
|---|---|---|---|
|  |  |  |  |
|  |  |  |  |
|  |  |  |  |
|  |  |  |  |
|  |  |  |  |

（2）在实训车辆上找出涡轮增压系统各零部件位置并填写表10-4。

表10-4

| 零件名称 | 位置 | 作用 |
| --- | --- | --- |
| 空气再循环电磁阀 | | |
| 增压限制电磁阀 | | |
| 机械式空气再循环阀 | | |
| 发动机控制单元 | | |
| 中冷器 | | |
| 涡轮增压器 | | |

# 任务二　排除帕萨特1.8T轿车因增压器空气再循环电磁阀损坏而急加速不良的故障

## 一、教学设计

### （一）项目描述

增压器空气再循环电磁阀上的三个管接头A、B、C分别与进气歧管、机械式空气再循环阀和真空罐相连接。该阀受发动机控制单元控制，不通电时进气歧管与机械式空气再循环阀的膜片室相通，通电时真空罐与机械式空气再循环阀的膜片室相通。本项目中要学习增压器空气再循环电磁阀结构和工作原理，查询维修手册，找出电磁阀内电阻的标准值，使用万用表检测增压器空气再循环电磁阀。

图10-2 增压器空气再循环电磁阀的结构

查询维修手册，确定实训车型增压器空气再循环电磁阀的检查内容，并填写表10-5。

表10-5

| 序号 | 检测内容 | 标准范围 | 注意事项 |
| --- | --- | --- | --- |
| 1 |  |  |  |
| 2 |  |  |  |
| 3 |  |  |  |
| 4 |  |  |  |

按照小组计划内容实施，将测量数据填入表10-6。

表10-6

| 序号 | 检测内容/针脚 | 标准值 | 实际值 | 不符合标准值的原因 |
| --- | --- | --- | --- | --- |
| 1 |  |  |  |  |
| 2 |  |  |  |  |
| 3 |  |  |  |  |
| 4 |  |  |  |  |

结果分析：

维修计划：

**（二）教学目标**

1. 能独立查找维修手册并查询标准数据。
2. 能使用万用表检测增压器空气再循环电磁阀内的电阻。
3. 会判断电磁阀的运行状态。

**（三）教学资源**

PPT教学课件

多媒体教学设备

帕萨特维修手册5套

帕萨特1.8T轿车5辆

万用表5台

**（四）教学组织**

30人小班化教学，根据设备数量，将学生分为五个小组并选取组长。先由教师讲解增压器空气再循环电磁阀的结构和原理，展示本节课项目内容并讲明注意事项。然后，各小组根据项目内容展开讨论并由组长进行项目分工，分工项目包括：查询维修手册并查找标准数据、使用万用表检测电磁阀、记录、安全监督等，确保每位学生都有项目。项目完成后，各小组分析检测数据并判断增压器空气再循环电磁阀的运行状态。最后，教师点评各个小组的表现，并带领学生总结增压器空气再循环电磁阀的检测方法。

**（五）教学过程**

| 项目教学过程 | | 学生学的活动 | 教师教的活动 |
| --- | --- | --- | --- |
| 阶段一<br>项目引入 | 项目描述 | 听完老师讲解后，描述汽车急加速不良与增压器空气再循环电磁阀损坏之间的关系 | A. 通过PPT进行本次项目的情景导入：一辆帕萨特轿车因增压器空气再循环电磁阀损坏出现急加速不良的状况，分析汽车急加速不良与增压器空气再循环电磁阀损坏之间的关系<br>B. 说明本次项目内容：使用万用表对实训车上的增压器空气再循环电磁阀进行检测<br>C. 说明项目目标：通过将检测数据和标准数据作对比来判断汽车增压器空气再循环电磁阀的运行状态 |

续表

| 项目教学过程 | | 学生学的活动 | 教师教的活动 |
|---|---|---|---|
| | 知识准备 | A. 复述增压器空气再循环电磁阀的作用、结构和原理<br>B. 说出万用表的使用方法 | A. 讲解增压器空气再循环电磁阀的作用、结构和原理<br>B. 展示增压器空气再循环电磁阀的形状和安装位置 |
| | 项目定位 | A. 讨论并归纳增压器空气再循环电磁阀的检测流程：查询维修手册、使用万用表测数据、分析数据<br>B. 组长安排项目分工，组员明确自己的项目内容 | A. 说明检测增压器空气再循环电磁阀的目的在于排除汽车急加速不良的故障<br>B. 列举需要检测的数据、使用到的工具和操作注意事项<br>C. 说明检测增压器空气再循环电磁阀的流程<br>D. 监督学生检测增压器空气再循环电磁阀的过程，指导学生操作<br>E. 对学生的操作进行点评 |
| 阶段二<br>项目实施 | 步骤1<br>查询维修手册 | 查询维修手册，找出增压器空气再循环电磁阀的检修内容以及标准数据 | 提供维修手册 |
| | 步骤2<br>检测线路连接 | 使用万用表检测增压器空气再循环电磁阀的线路连接情况，填写学生工作页 | 提供实训车辆和万用表，并说明万用表使用方法和注意事项 |
| | 步骤3<br>使用万用表测电阻 | 使用万用表测量电磁阀的电阻 | 监督学生的操作 |
| | 步骤4<br>对比数据 | 把测量数据与标准数据做对比，判断增压器空气再循环电磁阀的运行状态 | 讲解如何通过测量数据判断增压器空气再循环电磁阀的运行状态 |

续表

| 项目教学过程 | | 学生学的活动 | 教师教的活动 |
|---|---|---|---|
| 阶段三 项目总结 | 步骤5 整理 | 收拾整理工具，打扫卫生 | 清点设备和工具 |
| | 展示与总体评价 | A. 组长公布小组的检测数据和结论<br>B. 组内讨论本小组检测过程<br>C. 根据教师点评，小组内总结本次检测过程 | A. 安排组长公布小组的数据和检测结论<br>B. 带领学生分析检测数据<br>C. 对学生的操作和结果进行点评，指出存在的问题 |
| | 学习小结 | 描述增压器空气再循环电磁阀的检测方法和流程 | 带领学生归纳增压器空气再循环电磁阀的检测方法和流程 |

## （六）技能评价

| 序号 | 技　能 | 评判结果 | |
|---|---|---|---|
| | | 是 | 否 |
| 1 | 能快速准确地查询维修手册 | | |
| 2 | 能使用故障诊断仪KT600对增压器空气再循环电磁阀进行元件测试 | | |
| 3 | 能使用万用表检测增压器空气再循环电磁阀内的电阻 | | |

## 二、项目操作单

### 项目操作单

| **专业名称** 汽车运用与维修 |
| --- |
| **课程名称** 汽车发动机电控系统设备构造与维修 |
| **工作项目**：一辆帕萨特1.8T轿车存在急加速不良的故障。经检测，初步判断故障点在于空气再循环电磁阀损坏导致涡轮增压系统不工作，可能是空气再循环电磁阀本身的损坏，也可能是电磁阀和发动机控制单元之间的线路连接出现问题。 |
| **安全及其他注意事项**：车辆启动时检查汽车挡位设置，确保挡位位于空挡；在路上测试车辆时由教师驾驶车辆；在接触涡轮增压系统部件时要注意防护，防止烫伤。 |

| 问题情境 | 原因 | 行动 | 备注 |
| --- | --- | --- | --- |
| 一、增压器空气再循环电磁阀接收不到控制信号以及供电电压 | 电磁阀信号线断路或者虚接 | 拔下电磁阀插头，使用万用表欧姆挡测量增压器2号端子与ECU 105号端子之间的电阻值，正常情况下阻值应该在1Ω左右，如果阻值过大或者无穷大，说明线路存在虚接或者断路情况，需要检查线路连接 | P-M |
| | 电磁阀电源线连接存在断路或者虚接情况，或者燃油泵继电器线路存在故障 | A. 拔下传感器插头，使用万用表欧姆挡测量传感器1号端子与发动机搭铁之间的电阻值，正常情况下阻值应该在1Ω左右，如果阻值过大或者无穷大，说明线路存在虚接或者断路情况，需要检查线路连接<br>B. 使用万用表电压挡，红黑表笔一端接1号端子，一端搭铁，短暂启动发动机，万用表应该显示有5V电压，如果没有则检查燃油泵继电器线路连接 | P-M |
| 二、增压器空气再循环电磁阀接收到信号但是没有动作 | 增压器空气再循环电磁阀本身损坏 | 拔下增压器空气再循环电磁阀的插头，使用万用表的欧姆挡测量两插头之间的电阻值，正常值在27~30Ω，如果检测值达不到要求，则更换空气再循环电磁阀 | P-D |

## 三、学生工作页

**学生工作页**

**项目名称:**

完成以下操作,并记录操作结果。

(1)查询维修手册,确定实训车型增压器空气再循环电磁阀的检查内容,并填写表10-7。

表10-7

| 序号 | 检测内容 | 标准范围 | 注意事项 |
|---|---|---|---|
| 1 | | | |
| 2 | | | |
| 3 | | | |
| 4 | | | |

(2)按照小组计划内容实施,将测量数据填入表10-8。

表10-8

| 序号 | 检测内容/针脚 | 标准值 | 实际值 | 不符合标准值的原因 |
|---|---|---|---|---|
| 1 | | | | |
| 2 | | | | |
| 3 | | | | |
| 4 | | | | |

结果分析:

维修计划:

# 汽车发动机电控系统设备构造与维修课程标准

## 一、前言

### （一）课程定位

本课程是汽车运用与维修专业的一门专业课程，适用于中等职业学校汽车运用与维修专业，主要目的是让学生了解汽车发动机电控系统的基础知识，具备汽车发动机电控维修、检测以及提供咨询的工作能力，能胜任汽车4S店售后服务顾问、汽车维修等一线岗位。

本课程应与《汽车底盘电控系统的构造与维修》同时开设，为学生汽车维修方向的就业打好基础。

### （二）设计思路

汽车发动机是汽车的"心脏"，是汽车动力的来源，而发动机的电控系统控制着汽车"心脏"的精确运转。随着汽车发动机电控系统技术的不断更新和发展，汽车发动机电控系统需要专业的咨询、检测和维修人员，而传统的发动机维修人员已经无法满足企业的需求。本课程围绕汽车发动机电控系统设备的最新技术组织相关内容，提升学生对该设备的认知与操作水平。因此，本课程在汽车运用与维修专业课程中处于重要的地位，是一门专业核心课程。

本课程的目的是培养具备汽车发动机电控系统方面专业知识和基本维修技能的维修行业人才。立足这一目的，本课程结合中职学生的学习能力与汽车电控维修岗位的中级职业能力要求，根据汽车发动机电控系统维修所必须的职业能力制订了四条课程目标，这四条目标分别涉及汽车发动机电控系统设备的认识、检查和修理等方面的内容，教材的编写、教师授课、教学评价都应依据课程目标的定位进行。

依据上述课程目标定位，根据企业需求、学生认知规律、教学经验积累，本课程从工作项目、技能要求、知识要求、项目内容和项目质量标准五个方面对课程内容进行规划与设计，打破以知识传授为主要特征的传统学科课程模式，立足实际动手能力培养，力争实现专业课程内容与职业标准对接、教学过程与实际工作过程对接，根据引领型项目活动要求，通过特定车系汽车发动机电控系统学习，设立了故障诊断仪的使用、对发动机电控系统的元器件进行目视检查、检查发动机控制单元及其供电线路、空气流量计的检测、电子节气门体的检测、单缸独立点火系统的检查、曲轴位置传感器的检查等15个项目，每个项目在技能要求和知识要求方面上采取"基本""熟练""强化"三个学习层次进行区分。技能及其学习要求采取了"能做……"的形式进行描述，知识及其学习要求则采取了"能描述……""能说出……"等形式进行描述。

教学过程中突出能力训练，力求在实际工作环境中获得真正的职业能力，结合四级职业资格标准对知识、能力、态度的要求，充分运用项目引领、实践导向的课程思想进行项目设计，按照提出项目、制定方案、解决项目、总结与反馈、教学评价等步骤组织项目教学，每个项目在教学中根据4S店实际工作情况，要求学生不仅能指出各个系统元件的位置，还要能更换元件、会使用故障诊断仪对元件进行检测，并且能独立制定检修计划，会填写维修过程记录表，通过理实一体的方式，实现理论与技能的同步发展。

本门课程的建议学时数为37学时，其中实训学时为23学时，共计10学分。

## 二、课程目标

1. 能针对不同车系和车型，解释汽车发动机电控系统的工作原理，说出电控系统中零部件的名称，指出零件的位置并概述其工作过程。

2. 能够根据维修手册正确使用相关的工具、设备、仪表对电控系统的零部件进行拆装和检测，并能通过查找维修手册的数据来判断电控系统零部件的运行状态。

3. 能够正确使用故障诊断仪对汽车发动机电控系统的故障进行故障代码和数据流的读取，通过分析故障代码和数据流判断故障原因，制订规范的修复计划排除故障，以顺利完成汽车发动机的维修工作。

4. 能够给车主提供咨询服务，并且能根据车主的描述独立地制订汽车发动机电控系统方面的维修计划，满足客人的定制化需求。

## 三、课程内容和要求

| 工作项目 | 技能要求 | 学习水平 | | | 知识要求 | 学习水平 | | | 项目内容 | 项目质量标准 |
|---|---|---|---|---|---|---|---|---|---|---|
| | | 基本 | 熟练 | 强化 | | 基本 | 熟练 | 强化 | | |
| 项目一 故障诊断仪的使用 | 能正确连接、操作故障诊断仪，读取并清除故障代码 | | √ | | 能够概述故障诊断仪的组成及功能 | | √ | | 给帕萨特B5轿车连接故障诊断仪KT600，读取并清除故障代码 | 1. 故障诊断仪的连接牢固，插头无松动 2. 最后读出的故障代码不是偶发性故障的代码 |
| 项目二 对发动机电控系统的元器件进行目视检查 | 能在汽车上准确找到电控系统元件的位置 | | √ | | 能够描述发动机电控系统的组成和工作过程 | | √ | | 指出帕萨特B5发动机电控系统的元件位置并检查松动状况 | 1. 准确、快速地指出零件的位置 2. 对零件安装状态的目视检查准确 |
| | 能目视检查零件的安装状态 | √ | | | 能够描述元件的工作原理和工作过程 | | √ | | | |
| 项目三 检查发动机控制单元及其供电线路 | 当发动机控制单元供电中断后，能够制订工作计划对控制单元进行断电后处理 | √ | | | 能描述电路图的工作原理 | | √ | | 1. 排除因发动机控制单元供电线路故障导致车辆无法启动的问题 2. 对帕萨特轿车电控单元进行断电后处理 | 发动机控制单元断电后处理措施规范，无安全隐患 |

续表

| 工作项目 | 技能要求 | 学习水平 | | | 知识要求 | 学习水平 | | | 项目内容 | 项目质量标准 |
|---|---|---|---|---|---|---|---|---|---|---|
| | | 基本 | 熟练 | 强化 | | 基本 | 熟练 | 强化 | | |
| 项目四 空气流量计的检测 | 能够使用万用表检测空气流量计的运行状态 | | | | 能够说出空气流量计的工作原理 | | √ | | 排除帕萨特轿车上因空气流量计检测数据不准确导致的排气管冒黑烟的故障 | 1. 空气流量计的检查方法和检查结果准确 2. 快速、准确地读取空气流量计的数据流 3. 正确拆装空气流量计，更换后的流量计能正常工作 |
| | 能够使用故障诊断仪读取空气流量计的数据流 | | | √ | 能够描述因空气流量计损坏导致汽车出现故障的现象 | | √ | | | |
| 项目五 电子节气门体的检测 | 能够使用故障诊断仪读取电子节气门体的数据流，例如节气门体的开度等 | | √ | | 能够描述电子节气门的工作过程 | | √ | | 解决帕萨特轿车上因电子节气门体损坏而导致怠速不稳的故障 | 1. 故障诊断仪的操作规范 2. 更换节气门体选用的工具得当，操作符合维修手册的要求 |
| | 能更换电子节气门体 | | | √ | 能够描述电子节气门体的结构组成 | | √ | | | |
| | 能识读维修手册上电子节气门体的电路图 | | √ | | 能够说出电路图上各种符号代表的含义 | | | | | |

· 121 ·

续表

| 工作项目 | 技能要求 | 学习水平 | | | 知识要求 | 学习水平 | | | 项目内容 | 项目质量标准 |
|---|---|---|---|---|---|---|---|---|---|---|
| | | 基本 | 熟练 | 强化 | | 基本 | 熟练 | 强化 | | |
| 项目六 点火系统的检查 | 能够拆装点火系统的各个部件 | | √ | | 能简述点火系统的组成和各部件的作用 | | √ | | 排除帕萨特B5轿车因点火系统故障导致的发动机运行抖动的问题 | 1. 拆装点火系统部件的方法正确,符合维修手册的要求 2. 制订的检修计划合理,操作性和针对性强 |
| | 能够通过查询维修手册制订针对点火系统的检修计划 | | √ | | 能解释点火系统的工作原理 | | √ | | | |
| 项目七 曲轴位置传感器的检查 | 能够在车上指出曲轴位置传感器的位置 | | √ | | 能概述曲轴位置传感器的工作原理 | | √ | | 排除因曲轴位置传感器信号缺失造成的汽车无法启动的故障 | 1. 准确、迅速地在车上指出曲轴位置传感器的位置 2. 正确更换曲轴位置传感器 3. 检查曲轴位置传感器时选用的工具正确,检查结果准确无误 |
| | 能够通过查找维修手册画出曲轴位置传感器的控制电路图 | | √ | | 能概述曲轴位置传感器的结构 | | √ | | | |
| | 能够使用工具检查曲轴位置传感器的好坏 | | √ | | 能够描述判断传感器好坏的依据 | | | | | |

续表

| 工作项目 | 技能要求 | 学习水平 | | | 知识要求 | 学习水平 | | | 项目内容 | 项目质量标准 |
|---|---|---|---|---|---|---|---|---|---|---|
| | | 基本 | 熟练 | 强化 | | 基本 | 熟练 | 强化 | | |
| 项目八 燃油供给系统的检查与修理 | 能够使用专用故障诊断仪读取燃油供给系统的数据流 | | √ | | 能描述燃油供给系统的工作原理 | √ | | | 1. 排除帕萨特B5轿车因发动机冷却液温度传感器故障导致在怠速条件下抖动的问题 2. 排除帕萨特B5轿车因进气歧管压力传感器检测不准确导致怠速不稳的故障 3. 排除帕萨特B5轿车发动机因燃油泵继电器损坏和供电线路故障导致发动机无法启动的问题 4. 排除帕萨特B5轿车因一个喷油嘴不喷油导致发动机运行时抖动的故障 | 1. 故障诊断仪的操作规范，读取的数据流全面无遗漏 2. 更换元件时选用的工具正确，采用的方法符合维修手册的要求 3. 检查元件运行状态时操作规范，判断结果准确 4. 制订的检修计划可操作性和针对性强，并且符合维修手册的要求 |
| | 能够拆装燃油供给系统的零部件 | | | √ | 能概述燃油供给系统的组成 | | √ | | | |
| | 能在车上找出燃油供给系统零部件的位置 | √ | | | 能描述燃油供给系统主要元件的结构和工作原理 | | √ | | | |
| | 能使用专用工具和仪器检查燃油供给系统各个元件的运行状态 | √ | | | 能够说出判断燃油供给系统运行好坏的依据 | | √ | | | |

续表

| 工作项目 | 技能要求 | 学习水平 | | | 知识要求 | 学习水平 | | | 项目内容 | 项目质量标准 |
|---|---|---|---|---|---|---|---|---|---|---|
| | | 基本 | 熟练 | 强化 | | 基本 | 熟练 | 强化 | | |
| 项目九 氧传感器的检查与修理 | 能在车上找出氧传感器的位置 | | √ | | 能描述氧传感器的结构和工作原理 | | √ | | 排除帕萨特B5轿车因氧传感器故障导致汽车冒黑烟的问题 | 1. 准确、迅速地在车上找出氧传感器的位置 2. 故障诊断仪的使用方法正确，读取的数据准确 3. 更换氧传感器时选用的工具正确，操作规范，更换后的氧传感器能正常工作 |
| | 能用故障诊断仪读取氧传感器的数据 | | √ | | 能概述氧传感器在车上实现闭环控制过程 | | √ | | | |
| 项目十 涡轮增压系统的检查与修理 | 能够在车上找到涡轮增压系统元件的位置 | | √ | | 能描述涡轮增压系统的工作原理 | | √ | | 1. 指出帕萨特1.8T轿车上涡轮增压系统各个元器件的名称和位置 2. 解决帕萨特1.8T轿车因增压器空气再循环阀损坏导致急加速不良的故障 | 1. 准确、迅速地在车上找出涡轮增压系统元件的位置 2. 故障诊断仪的使用方法正确，读取的数据准确 3. 制订的检修计划可操作性和针对性强，并且不存在安全隐患 |

续表

| 工作项目 | 技能要求 | 学习水平 | | | 知识要求 | 学习水平 | | | 项目内容 | 项目质量标准 |
|---|---|---|---|---|---|---|---|---|---|---|
| | | 基本 | 熟练 | 强化 | | 基本 | 熟练 | 强化 | | |
| | 能够使用专用工具和仪器检查涡轮增压系统中增压限制电磁阀、增压空气再循环电磁阀等元件的运行状态 | | √ | | 能概述涡轮增压系统的组成 | | √ | | | |
| | 针对涡轮增压系统的故障能够制订相应的检修计划 | | √ | | 能够描述涡轮增压系统各个元件的结构以及工作原理 | | √ | | | |

## 四、实施建议

### （一）教材编写和选用

（1）教材内容的选择与编写必须依据课程标准进行，编写时应打破传统的学科式内容模式，构建项目引领的项目课程内容模式。

（2）教材应将本专业职业活动分解成若干典型的工作项目，按完成工作项目的需要和岗位操作规程，结合职业技能证书考试要求组织教材内容。要通过故障模拟、观看录像、理实一体教学并运用所学知识进行评价，引入必须的理论知识，增加实践实操内容，强调理论在实践过程中的应用。

（3）每个项目按照提出工作项目（故障现象）、分析项目要求、理论知识讲解、元器件拆装训练、制订项目完成方案、解决项目、总结反馈、项目完成评价等环节设计内容结构。

（4）教材内容应凸显实践性、应用性，结合职业技能四级等级要求，强调与岗位业务相吻合，使学生易学、易懂、易接受；同时要具有前瞻性，应纳入本专业领域的发展趋势，以及汽车运用与维修的新知识、新技术和新方法。

（5）教材提倡图文并茂，以插图形式反映拆装与维修步骤，以工作项目表、项目工作页、项目技术要求及评价表、故障排除流程图、维修过程记录表等表格形式，体现项目实施流程，尽量减少描述性文字内容。

### （二）教学组织

（1）选择典型车型为载体，采用小组合作学习的方式。教师示范与学生分组讨论、训练互动、学生提问与教师解惑、指导相结合，体现"做中学""做中教"的教学理念。

（2）结合四级职业资格标准对知识、能力、态度的要求，充分运用项目引领、实践导向的课程思想进行项目设计，按照提出项目、制订方案、解决项目、总结与反馈、教学评价等步骤组织项目教学。

（3）教学过程以实践教学为主，体现职场导学，通过在校内实训中心学习和组织学生到汽车维修企业阶段实习，给学生创设真实职场环境，提高学生实战能力与岗位适应能力。

（4）在教学过程中，重视本专业领域新技术、新工艺、新材料发展趋势，贴近企业、贴近生产，为学生提供职业生涯发展的必要知识。

（5）教学过程中，教师通过设置教学情境，学生角色扮演，进行教学模拟及阶段实习现场锻炼，提高学生与客户针对汽车电器维修作业进行沟通与协商的能力。

### （三）课程资源

（1）开发和应用基于项目教学的实训指导书。

（2）开发适合教学使用的教学课件、微课等多媒体教学资源。

（3）利用网络资源，促进学生利用网络进行查询学习，促进信息传递的多元性。

（4）建设能实现现场教学、实训、职业技能鉴定的校内实训中心。

（5）充分利用合作办学的企业资源为学生提供阶段实训，实践工学交替的人才培养模式，让学生在真实的环境中磨练自己，提升自身的职业综合素质。

### （四）教学评价

（1）改革传统的学生评价手段和方法，采用阶段评价、过程评价与目标评价相结合。

（2）关注评价的多元性，将课堂提问、学生作业、平时测验、项目考核、技能目标考核作为平时成绩，结合期末考试成绩进行学生本学科成绩评定。

（3）注重评价的激励作用，注重学生创新思维、创新故障检测方法与故障排除技巧的评价，注重学生提高问题分析描述能力、沟通与协商能力。

## 五、其他说明

本课程教学标准适用于中职院校汽车运用与维修专业。

# 课程项目整体教学设计

## 一、设计说明

汽车发动机电控系统课程的项目是依据的是发动机电控系统的课程标准,并结合学校实际情况和学生学习能力来设计的。教学设计按照先易后难、先整体后部分的原则,即首先学习相关工具的使用,后教授如何检测;先教授学生整体的发动机电控系统,再按照不同的功能细讲各个组成部分。本课程项目设计中的项目与课程标准中的项目是一一对应的关系,其中子项目的划分是按照每个工作项目中项目的数量来确定的。

## 二、任务一览表

| 工作项目 | 子项目 | 项目内容 | 子项目课时 | 项目课时 |
| --- | --- | --- | --- | --- |
| 项目一 故障诊断仪的使用 | 子项目 连接故障诊断仪KT600并读取帕萨特B5轿车的故障代码 | 给帕萨特B5轿车连接故障诊断仪KT600,读取并清除故障代码 | 2 | 2 |
| 项目二 对发动机电控系统的元器件进行目视检查 | 子项目 目视检查帕萨特发动机电控系统的各个元件 | 指出帕萨特B5轿车发动机电控系统的元件位置并检查松动状况 | 3 | 3 |
| 项目三 检查发动机控制单元及其供电线路 | 子项目一 检查发动机控制单元供电部分线路 | 排除帕萨特B5轿车因发动机控制单元供电部分线路故障而无法启动的问题 | 2 | 5 |
| | 子项目二 发动机控制单元进行断电后处理 | 帕萨特B5轿车发动机控制单元断电后的处理 | 3 | |

续表

| 工作项目 | 子项目 | 项目内容 | 子项目课时 | 项目课时 |
|---|---|---|---|---|
| 项目四 空气流量计的检测 | 子项目 检测帕萨特B5轿车空气流量计 | 排除帕萨特B5轿车上因空气流量检测数据不准确导致排气管冒黑烟的故障 | 2 | 2 |
| 项目五 电子节气门体的检测 | 子项目 检测帕萨特B5轿车的电子节气门体 | 解决帕萨特B5轿车因电子节气门体损坏而怠速不稳的故障 | 2 | 2 |
| 项目六 点火系统的检查 | 子项目 检测帕萨特独立点火线圈 | 排除帕萨特B5轿车因点火系统损坏导致发动机运行抖动的故障 | 2 | 2 |
| 项目七 曲轴位置传感器的检查 | 子项目 使用万用表和试灯检测曲轴位置传感器 | 排除帕萨特B5轿车因曲轴位置传感器信号缺失而无法启动的故障 | 4 | 4 |
| 项目八 燃油供给系统的故障检查与修理 | 子项目一 检测帕萨特B5轿车温度传感器 | 排除帕萨特B5轿车因冷却液温度传感器故障而在怠速条件下抖动的问题 | 2 | 8 |
| | 子项目二 检测帕萨特B5轿车进气歧管压力传感器 | 排除帕萨特B5轿车因进气歧管压力传感器检测不准确而怠速不稳的故障 | 2 | |
| | 子项目三 检测燃油泵和燃油泵控制电路 | 排除帕萨特B5发动机因燃油泵继电器损坏和供电线路故障导致发动机无法启动的故障 | 2 | |
| | 子项目四 检测喷油嘴及其控制线路 | 排除帕萨特B5轿车因一个喷油嘴不喷油导致发动机运行抖动的故障 | 2 | |

续表

| 工作项目 | 子项目 | 项目内容 | 子项目课时 | 项目课时 |
|---|---|---|---|---|
| 项目九 氧传感器的检查与修理 | 子项目 检测氧传感器并更换氧传感器 | 排除帕萨特B5轿车因氧传感器故障而冒黑烟的问题 | 2 | 2 |
| 项目十 涡轮增压系统的故障检查与修理 | 子项目一 指出涡轮增压系统各个零部件的位置和名称 | 掌握帕萨特B5轿车上涡轮增压系统各个零部件的位置和名称 | 3 | 5 |
| | 子项目二 检查增压器空气在循环电磁阀 | 排除帕萨特1.8T轿车因增压器空气再循环电磁阀损坏而急加速不良的故障 | 2 | |
| 合计 | | | 37 | |